T0246071

EL BIENESTAR EGOÍSTA

Silvia Escribano

EL BIENESTAR EGOÍSTA

Un manual para vivir

© Las autoras, 2024

© Editorial Pinolia, S. L., 2024
C/ de Cervantes, 26
28014, Madrid

www.editorialpinolia.es
info@editorialpinolia.es

Primera edición: abril de 2024

Reservados todos los derechos. No está permitida la reproducción total o parcial de este libro, ni su tratamiento informático, ni la transmisión de ninguna forma o por cualquier medio, ya sea mecánico, electrónico, por fotocopia, por registro u otros métodos, sin el permiso previo y por escrito de los titulares del *copyright*.

Colección: Sociedad del siglo XXI
Depósito legal: M-2806-2024
ISBN: 978-84-19878-41-0

Maquetación: Irene Sanz
Diseño de cubierta: Alvaro Fuster-Fabra
Impresión y encuadernación: Industria Gráfica Anzos, S. L. U.

Printed in Spain - Impreso en España

ÍNDICE

Prólogo 9

El bienestar egoísta: un viaje personal..............13

El difícil equilibrio de la balanza:
la importancia de sentirse en armonía 53

Tiritas para el alma:
el cuidado de la salud mental y emocional 81

Conexión interior. Alma y propósito de vida 129

Despertar a la vida............................167

Epílogo 207

7

Prólogo

«Confía, todo va a estar bien. Confía».

Conocí a Silvia hace unos años y la invité a dar una conferencia dirigida a cirujanos oncológicos en el VI Congreso de la Asociación Española de Cirujanos de la Mama celebrado en Madrid en 2017. Desde entonces, hemos colaborado en múltiples eventos destinados al bienestar y la felicidad de las pacientes con cáncer.

Hoy, seis años después, tengo entre mis manos este libro que me invita a prologar. Sin embargo, es mucho más que un libro, es un viaje hacia adentro, una invitación a colocarnos en el centro de nuestras propias vidas y una oportunidad para «aprovechar las crisis como algo esperanzador». Se trata, según la propia Silvia, de tomar conciencia de nuestros sentimientos y emociones, de identificar lo que realmente queremos y así alcanzar el bienestar. El «bienestar egoísta» es realmente una elección voluntaria y valiente.

Es una propuesta honesta en la que Silvia se desnuda emocionalmente compartiendo con el lector las experiencias que han marcado sus crisis personales y mostrándonos el camino de su propio proceso de sanación. Ella entiende la enfermedad como una provocación que nos obliga a preguntarnos si estamos viviendo la vida que realmente queremos vivir.

Encontrar la respuesta a esta pregunta, reformular nuestros objetivos vitales y atrevernos a construir nuestro nuevo yo en coherencia con nuestra esencia nos da la oportunidad de convertirnos en los verdaderos protagonistas de nuestra biografía.

El bienestar depende, en gran medida, de nuestros hábitos de vida que condicionan nuestra salud física, mental y espiritual. Hábitos que son un conjunto de elecciones que realizamos desde que nos levantamos cada día y que tenemos la libertad de cambiar en cada momento. Elegir una gestión positiva de la enfermedad o de los baches que nos encontramos en el camino marcará la diferencia entre portar una mochila ligera o quedarnos anclados en el dolor.

Les recomiendo la experiencia de acercarse a esta obra y releerla cuantas veces sea necesario, especialmente en los momentos en los que nuestra brújula vital nos dirija hacia un norte que no deseamos.

A nivel personal, mi proceso de *coaching* con Silvia me permitió atreverme con las preguntas más difíciles, aprender a vivir la vida en toda su plenitud y reordenar mis prioridades. Llegar a este precioso lugar de calma y de serenidad por evolución y no por crisis ha sido un regalo por el que me sentiré eternamente agradecido.

Lorenzo Rabadán

EL BIENESTAR EGOÍSTA: UN VIAJE PERSONAL

Silvia Escribano

Probablemente te haya sorprendido leer el título de este libro. ¿Cómo puede combinarse en la misma frase la palabra bienestar con la palabra egoísta? Sí, soy consciente de la aparente contradicción, pero mi intención es demostrarte que no es así. Quiero acompañarte en un proceso difícil, porque tendremos que dejar por el camino muchos fardos que cargamos inconscientemente, muchos miedos que nos lastran, muchas creencias y muchas convenciones. Un camino que nos lleva a conectar con nosotros mismos, a ponernos en el centro, a ser prioritarios. De ahí lo de bienestar egoísta. La recompensa a este esfuerzo, créeme, es mayor de lo que puedes pensar.

Pero déjame advertirte: antes deberás hacerte muchas preguntas, interrogantes que quizá no tengan respuesta o, al menos, no en este momento. Si dedicas un rato de tu vida a leer lo que aquí te cuento es porque tú también estás buscando ese bienestar del que tanto nos hablan y que quizá ahora no sientas. O no del todo, no como te dicen que debe sentirse. No, no va a ser fácil… Tampoco te puedo garantizar un final feliz, no está en mi mano, ojalá. Pero sí podemos navegar juntos buscando una salida, una meta, aunque la tormenta de la inseguridad, la angustia y esa sensación de pérdida se cierna sobre nosotros en el periplo. Hay luz al final del túnel, lo sé, aunque ahora, a ratos, no sea muy visible.

Pero empecemos por lo más sencillo, por buscar la definición aséptica que nos ofrece el diccionario. El de la RAE define así bienestar:

> De *bien* y *estar.*
> 1. m. Conjunto de las cosas necesarias para vivir bien.
> 2. m. Vida holgada o abastecida de cuanto conduce a pasarlo bien y con tranquilidad.
> 3. m. Estado de la persona en el que se le hace sensible el buen funcionamiento de su actividad somática y psíquica.

Tres definiciones que encierran mucho más de lo que aparentan. Obviamente, sentimos bienestar cuando nosotros y nuestros seres queridos tenemos cubiertas nuestras necesidades. Las económicas, claro, pero muy en especial las emocionales. Estar rodeados de amor, de cariño, de compañía. Sí, esa es una buena definición de bienestar.

Desde luego, eso nos lleva a la segunda acepción, la vida holgada, pasarlo bien, tener tranquilidad. ¡Qué poco valoramos la tranquilidad, la calma, y qué presente va a estar en este libro!, y perdón por el *spoiler*. Pero aún hay una tercera definición, la que se refiere a la armonía, a ese «buen funcionamiento de su actividad somática y psíquica», que no es otra cosa más que el sano equilibrio entre cuerpo y mente.

¿Podría haber bienestar solo con una de esas tres acepciones que describe el diccionario? Me atrevería a pensar que no. Podemos tener todo lo necesario para vivir, pero sin tranquilidad y sin esa armonía difícilmente podremos sentir la vida en toda su plenitud, difícilmente podríamos definirnos como personas felices.

Pero recuperemos de nuevo la tercera acepción del diccionario que exponíamos arriba, porque lo que dice, sin duda, está relacionado con la salud.

Pocas cosas hay que nos desequilibren tan profundamente como la falta de salud. Una enfermedad grave física afecta al estado mental de la persona que la sufre y al de su familia. Se rompe dramáticamente el equilibrio entre nuestra mente racional, la que gestiona los pensamientos de manera lógica y analítica, y nuestra mente emocional, la que se ocupa de los sentimientos y las emociones. Llegan los miedos, las inseguridades, y toman el control. Y cuando esto ocurre, que la mente emocional toma el mando frente a la racional, se genera lo que Daniel Goleman, psicólogo, periodista y escritor estadounidense, autor del libro *Inteligencia emocional* (1985), denomina «secuestro emocional», responsable de respuestas irracionales como la ira, el insulto e incluso la agresión.

Esas emociones afectan a nuestra salud física más de lo que pensamos. El cuerpo recoge nuestros pensamientos y nuestras emociones, y los somatiza. De esto y de cómo me afectó a mí te hablaré más adelante, ten paciencia. Antes, deja que te explique algunas cosas más al respecto.

Según la medicina china, cada emoción afecta a la energía de un órgano, debido a la creencia en la interconexión entre cuerpo, mente y emociones. Este enfoque considera que las emociones impactan directamente en la energía o flujo vital de los órganos. El miedo, por ejemplo, afecta al sistema nervioso y está relacionado con la energía del riñón. La ira, la rabia, son las emociones más calientes y están directamente relacionadas con el hígado y con la vesícula. Las preocupaciones a las que damos vueltas y vueltas en la cabeza necesitan que segreguemos glucosa con la que mantener esa actividad mental, y son el bazo y el páncreas los órganos más afectados. La tristeza, por su parte, impacta sobre los pulmones, mientras que la alegría está asociada con el corazón.

Cuando experimentamos emociones intensas, según este enfoque, se pueden generar desequilibrios energéticos en los órganos asociados, lo que puede influir en nuestra salud general. Muchas enfermedades relacionadas con estos órganos están causadas por una emoción. Para sanarlas y recuperar el bienestar, hay que empezar por reconocer esas sensaciones, aceptarlas y gestionarlas, no apartarlas ni dejarlas de lado. Porque si se cronifican, acabarán dañándonos más de lo que pensamos. Por eso es importante aprender primero a verlas para poder, después, aceptarlas y entender lo que han venido a decirnos. Si lo hacemos, si lo conseguimos, estaremos en el camino hacia el bienestar.

El mío, mi trampolín hacia mi bienestar comenzó el 20 de octubre de 1990, el día en que murió mi padre.

Y LA VIDA SE PUSO PATAS ARRIBA SIN AVISAR

Cuando recibí la noticia de su fallecimiento, yo estaba cursando tercero de Derecho. Tenía veintiún años y aquel día había decidido ir a comprarme unas botas para las que llevaba trabajando y ahorrando mucho tiempo. Pero cuando llegué a casa feliz por ese regalo que me había hecho a mí misma, quien me abrió la puerta no fue mi madre, sino la Guardia Civil. Mi padre había sufrido un accidente en Tarancón muy grave, pero seguía vivo, nos dijeron. Así que salimos hacia allá, junto a mis tíos, sin perder un segundo y con la angustia de no saber si íbamos a llegar a tiempo de verle con vida. Una vez allí, nos acompañaron hasta el lugar donde supuestamente estaba ingresado mi padre. No soy capaz de decir si era un hospital, mi cerebro ha borrado muchos detalles de aquel día. Era, desde luego, un lugar sombrío.

Allí nos enteramos de que no era verdad lo que nos habían contado. Mi padre había muerto en el acto como consecuencia del accidente provocado por un coche que había invadido el carril contrario. Otro puñetazo más en el alma. Una mentira que pretendía ser piadosa se convertía ahora en algo tan doloroso que lo único que despertó en mí fue rabia, muchísima rabia. Y así se generó una montaña rusa de emociones que se movía entre la ira, el dolor, el miedo y algo a lo que no quería poner nombre y que aún hoy me cuesta decir. El golpe fue terrible.

La muerte de un ser querido nunca es fácil de digerir, pero cuando ocurre de improviso, sin que haya habido una enfermedad de por medio que, de alguna manera, te haga prever el final, es demoledor. Tu vida se pone bocabajo en décimas de segundo. Todo pasa de cero a cien y de cien a cero sin que te dé tiempo a digerirlo. Y ocurrió en un momento vital quizá de poca madurez, donde no contaba con demasiados recursos emocionales ni vitales para hacer frente a eso. Tu padre ha muerto. No está. No va a estar nunca más. Afróntalo.

Entonces se te presenta la realidad en su forma más cruda. Sin que te hayan permitido siquiera asumirlo, te tienes que enfrentar a la decisión de tomar las riendas de otra vida, ahora ya solo junto a tu madre, que nadie te preguntó si querías. ¿Cómo se gestiona esto? ¿Cómo lo asimilas? Yo no supe hacerlo en ese momento. De hecho, no era ni siquiera capaz de hablarlo, de verbalizar qué estaba sintiendo.

Mi cerebro, entonces, entró en modo supervivencia. Me había ocurrido algo tan duro, tan atroz, que mi cabeza solo supo reaccionar apartándolo. «No sientas, no te lo puedes permitir, no hay tiempo que perder», me decía. «Estudia, y estudia mucho, porque tienes que aprobar para poder seguir teniendo la beca que te permita continuar en la universidad. Y ponte a trabajar, porque ahora estáis solas». Así, de manera tan fría, mi cabeza cogió el gran tema de mi vida, que era la muerte de mi padre, y lo echó a un lado. «No puedo afrontar esto ahora. Ni sé ni puedo. No puedo enfrentarme a esta bola tan grande». Imagino tu empatía si has vivido una experiencia similar en tu vida. Ojalá no.

Y la vida siguió en ese modo supervivencia en el que había decidido instalarme. A pesar de que mi madre intentaba hablar conmigo para que pudiera desahogarme, liberar sentimientos, yo seguía sin poder hacerlo. «No, ahora no puedo, no tengo tiempo para esto». La vida me exigía, o eso creía yo, otro tipo de actitud, y las emociones no entraban en ese plan de acción. Bueno, no todas. Había dos que sí sentía de manera clara y sabía gestionar.

La primera, la más gigante, era el miedo. Más que miedo era pavor. El miedo es una emoción que nos acompaña toda la vida y que, bien gestionada, nos hace crecer tanto... Pero entonces tenía solo veintiún años y no sabía todo lo que ahora sé. Estaba encima de mí y no me dejaba encontrar el camino. Miedo a no saber cómo salir adelante. Miedo a haber perdido el que era mi núcleo familiar... Era incertidumbre, mucha incertidumbre, un constante y angustioso «¿y ahora qué?» presente en todos los aspectos de mi vida: en el plano emocional, pero también en el familiar, en el laboral, en los estudios... Sin duda, era la emoción mayúscula.

También sentía rabia. Esta emoción ya me era familiar, aunque en otro plano. La rabia contra las injusticias me llevó a estudiar Derecho, porque entendía que siendo abogada podría luchar mejor contra ellas. Pero esta rabia era distinta. La rabia tiene que ver con lo que esperas del futuro y el choque con la realidad. Aunque tú tienes unas expectativas y unas creencias sobre lo que quieres que sea tu vida, llega la realidad y te presenta otras que no tienen nada que ver con lo que esperabas. «¿Por qué a mí?», te preguntas enfadada, «¿por qué ahora?» Y si no sabes gestionar esa emoción, el estómago puede verse afectado.

En mi estado emocional de aquel momento, yo tenía muy claros y presentes estos dos sentimientos. Pero la que no había visto, o no sabía ver, era otra mucho más difícil: la tristeza. Es extraño, ¿verdad? Muere tu padre ¿y no vas a sentir tristeza? En realidad, el problema era otro.

Yo me crie en una familia donde era importante estar siempre bien; donde había que sonreír a la vida y regalar esa misma sonrisa a los demás. Nadie podía irse de tu lado sin sentirse más feliz. Pasara lo que pasara, la máxima familiar era: sal a la calle con una sonrisa, ¡y adelante! Y eso, que es una creencia aparentemente poderosa y positiva, a mí me confundió en ese momento. Las creencias que tenemos, las que heredamos de nuestros padres, las religiosas... influyen en nuestras vidas unas veces para bien y otras no tanto. Aprendes a verlo todo con las gafas que has recibido como legado y desmontar eso, darte cuenta de que no te está haciendo bien, no es nada fácil. «¿Cómo me van a entregar algo que no es bueno para mí quienes tanto me quieren?», te preguntas incrédula. Eso que te entregaron con tanto amor quizá fuera bueno durante cierto tiempo y en otras circunstancias, pero es necesario desprenderse de ello cuando atraviesas situaciones en las que ya no son útiles aquellas enseñanzas. Debes tener la fuerza y la determinación para cambiarlas por otras.

Así pues, esa creencia familiar de sonreír ante la adversidad que me sentía obligada a cumplir me quitaba mucha energía. Cómo es esto de estar roto por dentro y salir a la calle con una sonrisa, me decía. No lo identificaba ni le ponía nombre, pero lo que estaba padeciendo sí lo tenía: era estrés.

LO QUE PASA EN EL CUERPO CUANDO ACECHAN EL ESTRÉS Y EL CORTISOL

Antes de seguir contándote mi historia, permíteme hacer un inciso y explicarte cómo el estrés afecta a nuestro organismo, en particular, cómo afectó al mío.

Lo primero, hay que saber que cierto nivel de estrés no es malo. Gracias a él, nos ponemos en alerta ante un peligro o una situación complicada y conseguimos salir airosos del atolladero.

El problema viene cuando esos niveles se disparan, se desequilibran y se producen de manera continuada en el tiempo.

Lo que entendemos comúnmente por estrés hace referencia a esas situaciones en las que las demandas externas (sociales) o las demandas internas (psicológicas) superan nuestra capacidad de respuesta. Eso era lo que me estaba ocurriendo a mí. Es entonces cuando salta una alarma que afecta y actúa sobre nuestra psique y sobre nuestros sistemas neurológico, inmunológico y endocrino, que producen un desequilibrio en la mente y en el propio cuerpo. Generamos una vivencia emocional como respuesta a la que llamamos sufrimiento y aparece lo que tanto tememos: la enfermedad.

Cuando esas situaciones que lo causan —bien sean reales o imaginarias— se prolongan en el tiempo, nuestra salud se ve afectada. Se rompe el reposo, el sueño se interrumpe y esto puede llevar a provocar problemas como la gastritis, debido a la falta de irrigación que recibe el estómago. El hígado, por otro lado, enferma al intentar aportar constantemente esa dosis de glucosa al organismo como respuesta al estrés. Y esto puede acabar desencadenando diabetes causada por el desequilibrio entre la secreción de insulina y la glucosa en sangre.

Los síntomas pueden ser variados: desde los más físicos, como ese conocido dolor o presión en el pecho de manera constante, dolores articulares, problemas gastrointestinales, cefaleas, gastritis… hasta la alteración del sistema inmunológico y la microbiota intestinal, irritabilidad, ataques de pánico, alteración del sueño, la memoria, la libido e, incluso, depresión. Las emociones activan el eje hipotálamo-hipofisario, responsable de activar la glándula suprarrenal, que libera adrenalina y cortisol. Estas dos hormonas son las que nos preparan para hacer frente a un peligro. Cuando nos pasamos la vida preocupados por algo, se produce una «intoxicación de cortisol», en palabras de la psiquiatra Marián Rojas

Estapé, y eso genera un estado de alerta permanente que es lo que conocemos como estrés crónico.

El cortisol, sin embargo, es una hormona fundamental en nuestro organismo porque nos ayuda a sobrevivir ante ataques externos. Tanto que se la conoce como la hormona del bienestar. Entre sus funciones está regular el metabolismo de los carbohidratos, las grasas y las proteínas; regular los niveles de inflamación de nuestro cuerpo; controlar la presión arterial; equilibrar los niveles de azúcar en sangre; regular los ciclos de sueño y vigilia; elevar la energía para poder manejar el estrés; ayudar a equilibrar la sal y el agua en el cuerpo y favorecer la memoria y la concentración. El problema viene cuando la generamos en exceso, dando lugar al hipercortisolismo.

Y VOLVIÓ LA LUZ...

En mi caso, aquel estrés y el no saber darle nombre y aceptar la tristeza derivó en problemas respiratorios y de garganta. Bronquitis, asma, falta de aire al respirar y una continua pérdida de voz. Si hacemos caso a la medicina china, todo esto tiene que ver con el quinto chacra, el quinto centro, el de la comunicación. La señal era clara: mi quinto centro estaba totalmente ahogado.

Los problemas físicos que afectaban a mi voz y a mis pulmones seguían ahí. Para tratar de encontrar la cura, además de tirar de esa fuerza y positividad que había aprendido de mi familia, especialmente de mi madre, acudía a los médicos, pero en el fondo yo sabía que el problema era otro. Por eso sentía una voz interior que me decía: «Cuando estés preparada, tienes que afrontar esto».

Y pasaron los años, acabé la carrera y empecé a trabajar en una gran empresa. Fue allí cuando me ofrecieron formarme en un programa de *coaching*. Y a partir de ahí empieza a cambiar mi vida. Hablamos de septiembre de 2004. En aquel programa, nos enseñaron una serie de herramientas para trabajar las emociones y detectar cuáles eran las creencias limitantes que pudiéramos estar teniendo. Y, como uno de los ejercicios para poner en práctica lo aprendido, nos pidieron elegir un tema personal con el que trabajar. Yo lo tenía muy claro: el tema central de mi vida era la muerte de mi padre, pero cuánto miedo sentía de afrontarlo por fin. Sin embargo, era el momento y lo sabía; había llegado la hora de trabajar las emociones y detectar cuáles eran mis herramientas limitantes.

En lugar de entrar de lleno en aquella gigantesca bola de sentimientos, mi *coach* me propuso avanzar despacito, paso a paso. Era como ir troceándola, dividiéndola en pequeños cachitos por los que transcurríamos respirándolos, viviéndolos, digiriéndolos… y aceptándolos. Esta es la parte más difícil de todo el proceso, la ACEPTACIÓN, así, con mayúsculas, de que eso ha pasado. Este es un regalo que yo siempre comparto con mis *coachees*, la diferencia entre aceptación y resignación. Entender esa enorme diferencia es necesario para vivir mejor, para estar bien.

La aceptación implica admitir que eso ha ocurrido; que te gustaría que no hubiera sido así, por supuesto, pero que es un hecho, y como tal no lo puedes cambiar. Lo que sí puedes cambiar es la forma en la que te relacionas con eso que ha pasado, mirarlo de otra manera. En cambio, la resignación, que es donde vive mucha gente (y puede que yo me hubiera instalado hasta ese momento), implica que ha habido algo en tu vida en lo que te has quedado enganchado porque te ha parecido injusto, porque sentías que no te tocaba, que no era para ti… y no lo aceptas. Metafóricamente, es como cargar una mochila pesada toda tu vida porque eres incapaz de dejarla a un lado, verla y decir: «Bueno, estás aquí. Eres de este color y voy a cargarte hasta que pueda ir quitando el peso de las piedras que llevas en tu interior».

Cuando tú vives desde la resignación, vives con mucha tristeza, y cuando lo haces desde la aceptación, vives con mucha paz y armonía. Ese es el camino largo, el de la aceptación. Por eso mi *coach* decidió que lo mejor para mí era ir dando pequeños pasos, detenernos en cada trocito de la tarta para verlo desde todas las aristas y ángulos. Y, al hacerlo, iba observando las emociones que me generaba todo aquello, aprendía a escuchar a mi cuerpo.

Tengo una larga trayectoria en el *coaching* y durante todos estos años he aprendido a entender y manejar mis emociones para poder ayudar a otras personas a dominar y sacar provecho de las suyas. Conozco mi cuerpo profundamente, he aprendido a escucharlo, a entender los mensajes que me lanza a través de la energía, de la más mínima reacción.

Nos olvidamos de este armazón tan maravilloso que nos sostiene, que nos permite movernos y relacionarnos con el mundo. El cuerpo nos define, nos da una identidad y cuenta mucho de cómo somos y estamos. Sabemos estar atentos a muchas cosas del exterior, pero no hemos aprendido a escuchar a nuestro propio cuerpo cuando nos habla. Y créeme, lo hace continuamente. Sin embargo, solemos ser tiranos con él, lo desoímos, no hacemos caso de las señales que nos envía. Lo vamos forzando para someterlo a la voluntad de nuestros pensamientos. Y así, ignorando sus mensajes, lo vamos esculpiendo a lo largo de nuestra vida dejándole marcas de lo vivido, muescas que describen nuestra forma de existir y de estar en el mundo. Nuestro cuerpo es el resultado de eso, de cómo hemos vivido, de cómo vivimos hoy.

En mi caso, el estómago se me encogía en ocasiones durante el proceso de aceptación y de sanación. En otras, era el corazón el que dolía; o me faltaba la respiración. En el fondo, mi cuerpo me iba indicando por dónde seguir, cuál era el camino.

ESCUCHA LO QUE LA EMOCIÓN HA VENIDO A DECIRTE

Y el camino estaba claro: primero había tenido que tomar la decisión de entrar ahí, de abrir los brazos y decir «aquí estoy, voy a por ello y voy a ir despacito», pero me voy a permitir conectar, me voy a permitir sentir, me voy a permitir llorar, gritar y parar cuando tenga que parar. Pero seguir hasta que encuentre esa conexión de verdad, ese dolor del alma que no me estaba dejando vivir. Paso a paso, despojando de capas aquella gran bola de emociones que tenía dentro y no entendía, acabé enfrentándome con la más difícil, la que tanto tiempo me había negado a ver: la tristeza. Ahora había que canalizarla y solo había una manera: hacerlo en soledad, con reflexión, con *muuuuucha* reflexión y muchas preguntas con y sin respuesta.

Pero, ojo, hablo de sentirla, no de racionalizarla. De entender qué ha venido a decirme esa emoción, porque todas tienen una causa, aunque esta no sea objetiva o real. El primer paso es verla, y este es el más difícil. Como ya ha quedado demostrado en todo lo que te he contado, las emociones nunca vienen solas, se entremezclan entre sí, se tapan unas a otras. En mi caso, el miedo era tan grande, tan concreto y ruidoso, que me impedía ver la emoción que estaba detrás, la tristeza.

El segundo paso es apropiarse de ella y observar qué sentimientos aparecen cuando le pones nombre, cuando lo dices en voz alta; qué se mueve por dentro. Y, por último, te alejas para verla desde cierta distancia.

El mayor error ante una emoción enquistada es tratar de ponerle una tirita y seguir adelante como si no estuviera ahí. Al final, solo conseguirás que el corazón se te abra en dos. Esto no va de tiritas. Esto va de decir: «Bueno, vamos a por ello. Vamos a ver, emoción, qué quieres traerme, qué quieres decirme, qué quieres mostrarme». Ahí empieza el camino del bienestar. Por eso, cada vez que iba al hospital a ponerme oxígeno porque me quedaba sin aire y mis pulmones no respondían, sabiendo que estaba ya en ese proceso y que era un proceso de agradecimiento (así entiendo yo ese camino tan largo que había tomado), estaba segura de que iba a acabar muy pronto porque yo misma me estaba sanando.

Todo esto que te cuento ocurrió en el año 2004. Mi padre había muerto en 1990. La Silvia desde 2004 hasta ahora es totalmente diferente, porque pude entrar absolutamente en todas las emociones a fondo: en la rabia, en el miedo, en el amor y en la tristeza. Ahora tengo una relación súper amable con todas. Y no he vuelto a tener ningún problema de pulmón o que afecte a mi voz.

Ese es el mensaje que quiero regalarte, lo que yo aprendí de todo este proceso: una no adecuada gestión emocional es la causa de nuestro malestar y de prácticamente todas las enfermedades físicas. Debemos aprender a darle la vuelta para transformarlo en beneficio. Y eso, créeme, es una cuestión de actitud, nada más.

CONSEGUIR LA FELICIDAD Y EL BIENESTAR DEPENDE DE TI

Que yo consiguiera salir de aquel bache no fue solo por eso que tanto se dice de que «el tiempo todo lo cura». Fue gracias a mi voluntad, a querer afrontar aquello que me estaba haciendo tanto daño y no quería ver. Yo alcancé mi bienestar porque quise hacerlo. Y para ello conté con tres herramientas maravillosas que son la voluntad, la atención plena y la regulación emocional. Pilares clave que exploran cómo el cerebro humano, genera, percibe y experimenta la felicidad.

Los seres humanos somos una unidad formada por cuerpo y mente y un elemento espiritual o energético, que va más allá de lo físico y lo mental. Resulta difícil disociar estos aspectos, de tal manera que nuestro cuerpo somatiza lo que nuestra mente siente, ya lo hemos dicho. Si esos pensamientos son negativos, pueden llegar a causarnos síntomas físicos como el dolor. Pero también enfermedades psicológicas como la ansiedad o una desalentadora sensación de malestar o infelicidad. Por el contrario, si los pensamientos son positivos, nos sentimos fuertes, cargados de energía y empáticos con quienes nos rodean.

Sonja Lyubomirsky, doctora en Psicología Social y de la Personalidad por la Universidad de Stanford, profesora de Psicología en la Universidad de California en Riverside y autora de los libros *La ciencia de la felicidad* y *Los mitos de la felicidad*, propuso en 2008 la fórmula de la felicidad. Según sus estudios, el 50 % está determinado genéticamente, el 10 % está marcado por circunstancias externas y el 40 % restante depende de nosotros mismos y de nuestra voluntad. Esto abre un panorama esperanzador ya que, aunque es verdad que podemos estar más o menos predispuestos desde que nacemos a ser felices, también hay una puerta abierta a mejorar y a conseguir aumentar ese grado de felicidad. La espita que determina ese aumento de posibilidades de ser feliz, de alcanzar el bienestar, está en nosotros mismos. Y eso es una gran noticia.

Yo reconozco tener una predisposición genética bastante alta para la felicidad. Es algo que he heredado de mi madre, que es pura fuerza. Obviamente, eso me ha ayudado en mi camino hacia el bienestar, pero, aunque no hubiera sido así, no habría sido excusa. Por supuesto, implica un trabajo y un esfuerzo por nuestra parte, pero tal y como afirma la doctora Lyubomirsky —y yo creo firmemente— estar bien, ser feliz, es siempre una decisión. Créeme, merece la pena esforzarse.

Para alcanzar esa felicidad anhelada, debemos considerar una serie de factores: nuestra personalidad, nuestros objetivos, nuestras fortalezas, nuestra cultura y nuestra fuente de infelicidad. Esto exige de nosotros un autoconocimiento claro y una adecuada gestión de las emociones. Estas últimas son fundamentales en nuestra vida ya que nos ayudan a tomar determinaciones y nos enseñan a tener relaciones sociales. Podríamos decir que son como mecanismos que coordinan la mente y el cuerpo, y orientan nuestro comportamiento. Son, además, una herramienta de aprendizaje y nos ayudan a tomar decisiones intuitivas, que son aquellas que nos generan la emoción más agradable.

Sonja Lyubomirsky proponía en *La ciencia de la felicidad* doce estrategias que debemos poner en marcha si queremos alcanzar el bienestar y la felicidad. La primera, la gratitud (y la capacidad de expresarla). En palabras del profesor Robert Emmons, psicólogo estadounidense que ha centrado sus investigaciones en la psicología de la personalidad, la psicología de las emociones y la psicología de la religión, la gratitud es «un sentimiento de asombro, agradecimiento y apreciación por la vida». Pensar con gratitud nos ayuda a saborear las experiencias positivas de la existencia, a reforzar la autoestima y el amor propio, y a afrontar el estrés y el trauma. De ahí que Lyubomirsky proponga llevar un diario de gratitud o expresarla directamente en persona. Yo aprendí a darle las gracias a la tristeza por conectarme con mi padre otra vez.

La segunda es cultivar el optimismo. Debemos esforzarnos por interpretar el mundo desde una perspectiva más positiva y generosa. Una de las actividades que la psicóloga propone para lograrlo es la que denomina «el diario del mejor yo posible». Consiste en visualizar un futuro en el que todo ha salido como habíamos planeado e imaginado, y escribirlo. Ese ejercicio, basado en los estudios de la psicóloga y profesora Laura King, no se refiere solo a imaginar un modelo de futuro para los demás, sino también a construir el mejor yo posible hoy para conseguir que se haga realidad. El mundo que yo imaginaba cuando estaba en pleno proceso de aceptación era uno en el que podía vivir, por fin, en calma, sin angustia, sin dolor. Un mundo donde podía respirar sin necesitar un chute de oxígeno en un hospital.

Evitar pensar demasiado es la tercera estrategia que propone la doctora Lyubomirsky. Ese bucle enfermizo en el que entramos en ocasiones donde no dejamos de darle vueltas y vueltas a las cosas de forma innecesaria, pasiva y excesiva: al sentido de la vida, a las causas y las consecuencias de nuestro carácter, a nuestros pensamientos y problemas... A partir de los estudios de la profesora de Psicología en la Universidad de Yale Susan Nolen-Hoeksema, que ha demostrado durante décadas cómo ese estilo de pensamiento mantiene y exacerba los síntomas depresivos, se enseñan estrategias para distraerse de pensamientos negativos, actuar para resolver problemas y eliminar la tendencia a la comparación social, sustituyéndola por actitudes más positivas. Yo aprendí a aceptar el golpe terrible de la muerte de mi padre. Ese hecho había ocurrido y no podía cambiarlo, aunque mi cabeza se empeñara en pensar por qué a mí. Aceptarlo fue el primer paso hacia la paz, la calma y el bienestar.

La cuarta estrategia es practicar la amabilidad. Los estudios de Lyubomirsky demostraron que ser generosos y atentos con los demás un solo día a la semana hizo felices a las personas que lo llevaron a cabo. En mi caso, la amabilidad y la compasión las volqué en mí misma. No juzgarme con dureza por no haber salido antes de todo aquello me dio fuerzas para sanarme. La autocompasión y el amor hacia nosotros mismos son dos palancas fundamentales hacia el bienestar.

La quinta es cuidar las relaciones sociales. Dedicar tiempo a comunicarse, a manifestar apoyo y lealtad y a abrazarse son actividades que han demostrado su eficacia para incrementar los niveles de felicidad. Mi socialización empezó con mi *coach*, que me acompañó durante todo el proceso y me dio las herramientas necesarias para descubrir mi fortaleza, mi luz. La misma que ayudo yo ahora a descubrir a tantas personas a través del *coaching*. Pero para estar bien con los demás, antes debes estar bien contigo, aprender a estar sola contigo. Hablamos a los que nos rodean como nos hablamos a nosotros mismos, nos relacionamos con el mundo como lo hacemos con nosotros. Solo estando bien contigo puedes generar relaciones de verdad, de calidad, auténticas; relaciones humanas. Los demás son un espejo de lo que somos y, a la vez, son ellos quienes nos ayudan a saber quiénes somos y qué nos mueve.

Desarrollar estrategias que nos permitan afrontar lo que venga es la sexta propuesta de la psicóloga estadounidense. Afrontar es lo que hacemos para aliviar el dolor o el estrés provocados por un acontecimiento negativo. Así, la psicóloga propone encontrar sentido a ese sufrimiento recurriendo a la escritura expresiva, ver el lado positivo del trauma mediante la escritura o la conversación, o afrontar el problema cuestionando los pensamientos pesimistas. En mi caso, fue hacer un montón de preguntas a esas emociones que sentía lo que me ayudó a entender qué habían venido a decirme.

La séptima estrategia es aprender a perdonar. Puede ocurrir, cuando perdemos a alguien que ha sido tremendamente importante para nosotros, que hagamos recaer sobre esa persona toda la culpa de su ausencia. Como mecanismo de defensa ante ese dolor, incluso empezamos a buscar sus puntos negativos hasta encontrarle casi detestable. No era tan bueno como creía, nos decimos. Y no, claro que lo era. Pero nos resulta mucho más fácil enfadarnos y culparle que afrontar su pérdida. Perdonarle implica encontrar la paz, la calma. Recuperar el bienestar, en definitiva. De hecho, los estudios indican que las personas a las que se les animaba a perdonar manifestaban una disminución de sus emociones negativas y un aumento de su autoestima y esperanza. Algunos ejercicios para lograrlo son imaginar el perdón, escribir una carta de disculpa, ser más empáticos o atribuir cierta bondad o generosidad al transgresor. Reconectar con ellos, como yo aprendí a hacer con mi padre.

Fluir es la octava estrategia. El profesor Mihaly Csikszentmihalyi, un psicólogo hungaroestadounidense que investigó sobre la felicidad, la creatividad, el bienestar subjetivo y la diversión, y que desarrolló la teoría del flujo, lo definió como un estado de ensimismamiento y de concentración intensos en el momento presente, de manera que la actividad que se realiza es un desafío y es apasionante. La clave para crear el flujo es establecer un equilibrio entre nuestras habilidades y los desafíos que elegimos afrontar. De nuevo, la aceptación de lo ocurrido es fundamental para lograr vivir en el hoy, para conseguir que esos picos emocionales desaparezcan, porque cuando ocurre eso, nos generan unos niveles de cortisol tan grandes que suponen un ataque a nuestra salud, como ya te he explicado más arriba. Mi experiencia así me lo ha demostrado. Y no es que no haya algún momento de bajón, claro que los hay, pero ahora fluye todo en una misma onda, en un mismo flujo.

La novena estrategia es saborear las alegrías de la vida. Los investigadores definen el disfrute como los pensamientos o comportamientos que son capaces de generar, intensificar y prolongar el placer. Disfrutar y rememorar con nuestras familias y amigos esas experiencias comunes que hemos disfrutado juntos, celebrar las buenas noticias y estar abiertos a la belleza y a la excelencia son algunas de las actividades que nos permiten incrementar nuestra felicidad. Revivir los momentos maravillosos que pasé con mi padre, incluso los que no lo fueron tanto, me ha permitido reconectar con él y con mi historia, una vez que aprendí a gestionar su pérdida. Y lo que me ha devuelto es bienestar, es armonía, es calma… Calma.

La décima es comprometernos con nuestros objetivos. Elegirlos bien es sumamente importante, y hay una serie de características que deben cumplir para que los asumamos y nos esforcemos con pasión en alcanzarlos: que tengan que ver con nuestros propios intereses, que sean propios, que sean flexibles, que puedan desarrollarse en pasos sucesivamente alcanzables y que estén en armonía con nuestros objetivos personales. Si yo conseguí alcanzar mi meta y entender lo que las emociones reprimidas me querían decir, fue gracias a ese compromiso por salir de todo aquello, por sanarme tanto el cuerpo como el alma. Siempre es una decisión. Ya has visto que no fue fácil ni rápido. Incluso es posible que a algunas personas les cueste prácticamente toda la vida conseguirlo. Pero puedo asegurar que con tesón y sin prisa encontraremos la luz al final del túnel.

Practicar la religión y la espiritualidad es la undécima estrategia propuesta por la doctora Lyubomirsky. Orar o saber encontrar lo sagrado en la vida corriente, si se es creyente. Buscar sentido a la vida, en definitiva. En mi caso, probé todas aquellas experiencias que me permitían sentirme mejor, que me ayudaban a estar bien. La meditación fue una de ellas, pero también la medicina china, las meditaciones de órganos, el *autocoaching*… Recuerdo en especial un programa llamado «Cuerpo y movimiento en el *coaching* y en la vida», que tuvo lugar en Tarragona. En él aprendimos a conectar con las emociones a través de patrones faciales, respiratorios y corporales. Fue una de las experiencias más sanadoras que he podido vivir. Busca la tuya, busca aquello que crees que te pueda ayudar y hazlo sin miedo y sin complejos.

Ocuparnos de nuestro cuerpo sería la duodécima y última estrategia. Ser conscientes de la importancia de la meditación, la actividad física regular y de actuar como personas felices para incrementar nuestra felicidad. Expresar emociones positivas como sonreír —o reír, directamente— nos hace sentirnos mejor. Para mí, el deporte y el ejercicio físico son fundamentales, siempre lo han sido. Pero buena parte de mi paz espiritual me la ha dado el *coaching*. Gracias a él pude ver que era yo quien tenía todas las herramientas para salir adelante, bastaba con darme cuenta de cuáles eran y ponerlas al servicio de lo que quería conseguir. Si amo el *coaching* es por eso, porque siempre ve lo mejor de ti y te dice: «Espera, ¿es que no estás viendo la luz que desprendes, la que llevas dentro? Déjame que te la muestre». Y para mí eso es súper poderoso porque te da autonomía, te da fuerza y te da poder.

Para que estas estrategias puedan desarrollarse con éxito y conseguir que las mejoras en nuestra felicidad sean sostenibles, hay cinco claves que debemos tener presentes: generar emociones positivas; elegir los momentos oportunos y realizar actividades variadas; conseguir apoyo social; dedicar esfuerzo y compromiso y convertir esas actividades en un hábito.

Pero somos humanos y, por tanto, frágiles. Y aun sabiendo que la actitud que tomemos frente a las adversidades va a determinar en buena medida cómo se resuelva ese obstáculo, a veces nos rompemos. La enfermedad es uno de esos baches, en ocasiones insalvables, que nos pone la vida por delante.

Nos da miedo enfermar. Nos asusta sufrir, tememos al dolor propio y al que puedan sentir los nuestros o el que podemos provocar en nuestro círculo cercano. Muchas veces entendemos la enfermedad como un castigo, una condena a pagar por algo que hemos hecho mal en nuestra vida, ese mal karma que hemos provocado consciente o inconscientemente. Son los restos de ese pensamiento místico y religioso que se ha extendido a lo largo de los siglos y que sigue pesando como un lastre.

Pero ¿y si la enfermedad fuera, en realidad, un regalo? ¿Y si fuera una llamada de atención que nos lanza la vida para alcanzar un aprendizaje mucho más importante y revelador que nos estuviéramos negando a recibir? ¿Y si supusiera una oportunidad de alcanzar el auténtico bienestar, el BIENESTAR con mayúsculas? ¿Te sorprende este planteamiento? Creo que es hora de contarte otra historia sobre mí.

Morir para ser yo

Mi vida estaba volcada en mi trabajo, amo lo que hago con todas mis fuerzas y no reparaba en las horas que le dedicaba. Todo estaba bien: trabajaba en lo que me gustaba, disfrutaba de reconocimiento profesional y estaba conectada con lo que hacía y con quienes lo hacían conmigo.

La primera llamada de atención que me lanzó mi cuerpo llegó en 2019 tras un periodo de mucho estrés. Había decidido dejar la empresa que compartía con mi socio y seguir mi propio camino porque sentía que había conectado con otro propósito vital y laboral. No fue un proceso fácil y hubo muchas emociones que lo hicieron aún más difícil. Yo sabía que todo aquello acabaría en un proceso de somatización. Y así ocurrió.

Durante una revisión me detectaron células precancerígenas en el útero. Había que pasar por quirófano para que no llegara a convertirse en un cáncer, y esa operación supuso un proceso de reflexión en torno a mi vida, un remover planteamientos y sentimientos, y una primera parada larga en boxes. Pero, sobre todo, fue la primera señal muy clara y grande de que algo no estaba funcionando bien. «Espera, aún no», esa fue la respuesta que le di a la vida, sin embargo. Y seguí adelante.

En 2020 llegó la pandemia y, como muchas otras personas en todo el planeta, yo también pasé la covid-19. Esta primera vez no me afectó demasiado, pero al trabajar desde casa debido al confinamiento y pasar muchas horas sentada frente a la pantalla del ordenador, noté que me salió una pequeña costra, apenas perceptible, en un lado del tabique nasal que iba y venía. No le di mayor importancia y lo achaqué a las muchas horas que llevaba las gafas puestas durante las maratonianas jornadas de teletrabajo.

En 2021, de nuevo la covid, esta vez mucho más fuerte que la primera, tanto que me afectó mucho a la capacidad respiratoria. Un nuevo aviso de mi cuerpo, al que no estaba haciendo todo el caso que debía porque, una vez que me recuperaba, volvía de nuevo a la intensa actividad en la que se movía mi rutina. También la segunda covid pasó, y tan pronto me sentí mejor, retomé mi actividad. «Ya, ya, lo sé. Pero ahora no, espera», volví a responder a la vida. Seguía sin escuchar, seguía sin entender.

Sin embargo, aquella costra no terminaba de desaparecer. Empezaba a sentir en mi inconsciente que aquella era una señal —otra más rotunda— de que algo no estaba funcionando correctamente, algo no iba bien. Acudí a dermatólogos, a oftalmólogos y a otros especialistas para que me revisaran a fondo por si aquella pequeña lesión intermitente escondía algo más serio. Ninguno encontró nada. Pero te he dicho que he aprendido a escuchar mi cuerpo, a conocerlo, y el mensaje que me lanzaba era claro: no todo estaba tan bien como los doctores me decían.

Y llegó el verano. Recuerdo como si fuera hoy aquellas vacaciones en el lugar que me despierta la energía más bonita; aquellos larguísimos paseos por la playa, yo sola, escuchando lo que mi cuerpo quería decirme, reconociendo las señales, conectando con el sonido de las olas y del mar, con la sensación de mis pisadas en la arena. Tenía un sentimiento extraño que no sabía definir en ese momento. Era una sensación física y emocional. Tenía una energía de intranquilidad, una energía diferente, pesada, muy lejos de aquella que me rodea normalmente. Yo sabía, en lo más profundo de mí, porque mi cuerpo me lo estaba diciendo, que algo no estaba bien.

Sentía un calor extraño en el tabique nasal que me intranquilizaba, esa era la única señal física que podía describir con claridad. Decidí acudir a mi amigo el doctor Lorenzo Rabadán, contarle lo que sucedía, lo que estaba sintiendo. Sin dudarlo un momento, me organizó una consulta con varios especialistas en el hospital donde trabajaba para que estudiaran mi caso con más atención en cuanto regresara a Madrid.

Este fue uno de los momentos más importantes en todo el proceso de enfermedad que he atravesado. Una enseñanza que, ahora lo sé, tenía que recibir y que no estaba escuchando. Y digo que fue importante porque opté por hacerme cargo de lo que estaba sintiendo, en lugar de rechazarlo o negarlo. Ese asumir emociones y aceptarlas del que hablábamos más arriba. «No, son imaginaciones tuyas, aquí no hay nada...». Esa podría haber sido la reacción más fácil, la más simple. Pero elegí tomar las riendas. Para mí, aquel fue un paso gigante; no esperé a que pasase algo, sino que empecé a hacerme cargo desde mucho antes. Me ocupé de mí. Y desde ese momento decidí que yo era lo más importante en mi vida y me puse en primer lugar. Nunca me había puesto en primer lugar, y no imaginas lo maravilloso que es hacerlo.

Durante aquellos quince días estuve preparándome para algo que yo sabía que iba a llegar. Sentía miedo, mucho miedo. Y rabia. Y no podía explicar en aquel momento por qué, pero tenía la absoluta certeza de que mi vida jamás volvería a ser la misma.

Dicho así, soy consciente de que puede sonar dramático en exceso, pero créeme, nada más lejos de mi intención. Yo sabía que detrás de todo había un aprendizaje muy grande para mí, que la vida me estaba trayendo todo aquello para algo, aunque entonces no entendía muy bien por qué ni para qué. Estaba segura de que había un propósito, un fin, un sentido. Solo tenía que terminar de descubrirlo. Entonces llegó el diagnóstico: un carcinoma basocelular que no estaba dando la cara y que había que operar. De nuevo, el miedo; de nuevo, la rabia, la impotencia... pero también, al mismo tiempo, una voz interior que me decía: «Confía, todo va a estar bien. Confía».

Una de las cosas que me ayuda a entenderme y a comprender lo que me pasa en distintos momentos de la vida es llevar una especie de diario en el que apunto lo que siento y pienso en ciertos momentos. Esa es una de las estrategias que proponía la doctora Sonia Lyubomirsky y que describí en el epígrafe anterior, ¿recuerdas? Y lo tengo por costumbre porque sé que identificar todas esas emociones, las buenas y las malas, me ayuda a aprender, a entender, a aceptar.

De aquella época anoté sentir un baile de sensaciones. «Ganas de salir corriendo, de parar el tiempo, de refugiarme en los míos... Ganas de estar sola, muchas ganas de estar sola», escribí. Tenía la sensación de que en los últimos cuatro años la vida me estaba poniendo pruebas cada vez más grandes y difíciles. Hoy sé que era su manera de agarrarme por los hombros y sacudirme: «¡Escucha!», me decía. «¡Escucha lo que te vengo a enseñar! ¿Me oyes ahora?».

Sentía muy intensamente la necesidad de estar conmigo para prepararme para todo lo que vendría después. Había soledad, había tristeza, y una «terrible sensación de no encajar en ningún sitio y, a la vez, de hacerlo en cualquier lugar», pero, al mismo tiempo, era una sensación bonita. Algo indescriptible pero esperanzador.

Quédate con esa última palabra, esperanzador. Quédate con su luz, porque a pesar de lo difícil que fue superar aquella larguísima operación de siete horas, de la lenta recuperación que tuve que atravesar con los ojos vendados; a pesar del intensísimo dolor, un dolor que jamás pensé que podría sentir ni soportar nunca en mi vida, yo sabía en lo más profundo de mí que había algo mucho más luminoso en toda esa terrible experiencia, un aprendizaje que me estaba devolviendo algo muy preciado que había perdido: yo misma.

Volver a conectar conmigo fue el mayor regalo que me dio la enfermedad. Hoy tengo claro que la sanación venía de mí. No te hablo de la curación física, eso está en manos de los médicos y de la ciencia. Te hablo de la sanación interior, de la espiritual, del motor que nos construye y nos mueve. Parafraseando el título del libro de Philippe Dransart,[1] la enfermedad había venido a sanarme. De alguna manera, tenía que morir para ser yo.[2]

A tener esa certeza me ayudó el silencio. El interior y el de fuera. Porque una de las cosas que pedí a mi familia cuando por fin puede regresar a casa era que me dieran espacio, que me permitieran estar sola. Puede que te parezca extraño leer esto. Al fin y al cabo, es en los momentos en los que nos sentimos frágiles cuando más necesitamos del afecto de los demás, tener una mano que nos sujete. Ahí reconocemos el bienestar. Y hay mucho de verdad en esto. El afecto es una necesidad básica del ser humano, quizá la necesidad más primaria. Estamos habituados a pedir y a que nos regalen ese cariño. Pero el primer afecto es tuyo, el que tú te das. El primer amor es tuyo, el que sientes hacia ti. La compasión empieza por ti. Primero debe ser autocompasión para poder luego darla fuera. Esto es algo que ya he aprendido.

Permíteme hacer un inciso antes de seguir contándote mi experiencia para reflexionar sobre la autocompasión. Vivimos en una sociedad tan competitiva que estamos continuamente comparándonos con los demás. Inflamos nuestra imagen de cara al exterior y necesitamos sentirnos y mostrarnos especiales. El choque con la realidad, con lo que somos, nos causa malestar y somos incapaces de reconocer nuestros fallos, que los tenemos, como todos. Aparecen la inseguridad, la ansiedad, la depresión. Y esto se debe, en buena medida, al maltrato al que nos sometemos a nosotros mismos cuando sentimos que no somos como esa imagen irreal que nos hemos

---

[1] Dransart, Philippe. *La enfermedad busca sanarme. Aprender a escuchar nuestro cuerpo.* Barcelona: Ediciones Luciérnaga, 2018.

[2] Moorjani, Anita. *Morir para ser yo. Mi viaje a través del cáncer y la muerte hasta el despertar y la verdadera curación.* Madrid: Gaia, 2013.

fabricado, que no somos los triunfadores que aparentamos ser en el juego de la vida.

La solución es tan sencilla —y tan tremendamente difícil de llevar a cabo— como dejar de etiquetarnos como buenos o malos en función de esas quimeras, y aceptarnos con generosidad. Tratarnos con la misma amabilidad, cariño y comprensión que mostraríamos hacia un buen amigo. Trasladar esa compasión que trasladamos hacia los demás, que implica reconocer y ver claramente el sufrimiento, a nosotros mismos. Tener esos mismos buenos sentimientos hacia los que sufren para con nosotros mismos.

Por eso hay que empezar por tomar conciencia del propio sufrimiento. No podemos conmovernos ante nuestro propio dolor si no empezamos por reconocer que existe. Tener autocompasión no es creer que mis problemas son más importantes que los de los demás, sino pensar que también son importantes y que requieren mi atención. La bondad hacia uno mismo, algo que hemos olvidado ejercer en nuestra sociedad occidental, consiste en dejar de juzgarse, de autocriticarse de manera insana y de autocondenarse. Es comprender nuestros puntos débiles y nuestros fracasos, en lugar de condenarlos. Esto supone darnos permiso emocionalmente para conmovernos ante nuestro propio dolor y hacer un alto para preguntarnos «cómo puedo cuidarme y ayudarme en este momento», de la misma manera que hacemos con un amigo que está en dificultades.

Y esto es importante, porque cuando nos permitimos la empatía y el afecto hacia nosotros mismos, no solo cambiamos nuestra mente y actitud, sino que también modificamos nuestro cuerpo. Cambiamos la preocupación y la ansiedad por la tranquilidad y la calma, lo que nos lleva a sentirnos más satisfechos y confiados. La bondad hacia uno mismo permite sentirse seguro ante experiencias dolorosas y nos impide reaccionar desde el miedo, la inseguridad y el estrés.

Y cuando superamos todo eso, podemos perseguir nuestros sueños con confianza y tratar de alcanzarlos. Para vivir con alegría y satisfacción tenemos que habituarnos a responder a nuestro sufrimiento con amabilidad, empatía y bondad.

Eso es lo que hice yo en dos de los momentos más difíciles y complejos de mi vida —la muerte de mi padre y la enfermedad que te estoy contando—, autocompadecerme, regalarme amor. Si solo hubiera recibido el cariño de los míos, pero no hubiera tenido el propio, no hubiera tenido la seguridad que sentía de que yo era capaz de poder superar lo que estaba pasando. Claro, pensarás, tú eres una mujer optimista. El optimismo te mueve. Al fin y al cabo, es uno de los pilares del bienestar, pero también puede verse, como puede que lo estés haciendo tú ahora, como algo que es innato en ciertas personas, y por eso, menos valioso, como si no fuera algo que debemos y podemos trabajar. Y sí, claro que es optimismo, pero un optimismo realista. No niego lo que me está pasando, lo acepto. Y eso, aceptar que te está ocurriendo algo duro (ya sea una enfermedad, una pérdida, una ruptura sentimental, un mal momento profesional…) es muy difícil. Pero es lo que tocaba, es lo que tenía que hacer, aceptar.

Y este es otro gran aprendizaje que he obtenido de todo este proceso de enfermedad: cuando las cosas vienen mal dadas, cuando me he sentido tan frágil que temía desaparecer, ha sido más importante el amor y la confianza que yo tenía en mí que el amor y la confianza que me daban los demás. Esos eran una suma. Pero primero tenía que armarme yo, tenía que dejar de ser yo para encontrarme. Y si bien agradecía enormemente el cariño que me daban, la atención que me prestaban, las visitas… mi principal necesidad, la más importante, era entenderme yo, quererme yo, dármelo todo yo. Ese es el bienestar egoísta. Porque gracias a conectar conmigo, a estar sola conmigo, aunque estaba hecha trizas y me encontraba físicamente muy mal, tenía la absoluta seguridad de que por dentro se estaban cosiendo cosas.

Suena duro; quizá, incluso, no sea un comentario de esos que llamamos políticamente correctos. Pero lo que sí tuve muy claro gracias a esos encuentros conmigo misma, con mi alma desnuda, a esos momentos de silencio, de reflexión y de conexión conmigo era que no necesitaba que nadie me entendiera, me aceptara ni me acompañara. Y te lo está diciendo alguien que durante muchos años ha sentido una enorme necesidad de aceptación, de agradar. En esos momentos en los que por fin me encontraba y me ponía en el centro, empezaba a soltar apegos, a soltar esas creencias que pesan tanto, esos lastres que te comentaba al principio. Solo quería —quiero— estar bien conmigo misma. No hay necesidad de conservar a nada ni a nadie, solo de estar, vivir, ser y de darnos cuenta del para qué de todo esto. Lo único que necesitaba era entender ese proceso que la vida me estaba regalando. Porque eso era, un regalo. Un abrir los ojos para ver que realmente la vida tenía otros planes para mí, que había algo mejor y empezaba en mí.

ADÁPTATE, ESTO TAMBIÉN PASARÁ

Cuando salí del quirófano yo ya no era la misma. La antigua Silvia se había quedado allí dentro. La nueva yo se había despojado de todas las capas superficiales que le impedían mirar y mirarse. A partir de ese momento, y durante todo el proceso de recuperación, ya en casa, empecé a vivir desde mi esencia. Mi forma de estar conmigo y con los demás era distinta también, podría decir que más de verdad y, por tanto, mejor. Ahora tengo claro que cuando me relaciono desde lo que soy, desde la autenticidad, mis relaciones con los demás son igualmente mucho más auténticas porque siento que yo también lo soy.

Había conseguido enfrentarme al miedo de los miedos (que es morir), y gracias a eso, el resto de temores se habían caído. No hay bienestar cuando se tiene miedo, y las personas, todas, vivimos con él. Lo terrible es que somos nosotros mismos quienes nos lo generamos a lo largo de nuestra vida. Quizá, también, porque nos han educado en él. No corras, que te vas a caer. No hagas eso, que te vas a hacer daño… Educamos y vivimos con miedo y se convierte en una parte esencial de nuestra vida. Tan esencial que se hace enorme, y eso nos impide conectar con lo que somos realmente. Solo viviendo procesos vitales tan límites como el que te estoy describiendo podemos empezar a descubrir esos temores y a quitárnoslos de encima. Y cuando esos miedos, esos apegos que nos generamos empiezan a caer, empezamos a vivir.

El miedo no es algo baladí. Está íntimamente relacionado con el bienestar. Cuando vivimos desde el miedo, solo nos situamos en la otra cara de la moneda, en el malestar. No solo emocional, sino también físico. Sentir mucho temor genera un exceso de cortisol en nuestro cuerpo que nos impide equilibrar neuronas y neurotransmisores que tenemos asociados al placer, a la felicidad, a la confianza. Ya te he hablado de todo ello en un epígrafe anterior. El bienestar no existe cuando el miedo es el protagonista de nuestra vida. Y tenemos que ser conscientes de que vivir, como dijo Pau Donés, es urgente. Así pues, todos los procesos que nos lleven a descubrir, que acaben con los miedos, nos acercarán al bienestar, porque el bienestar está en el ser. ¿No sería bonito poder hablar de *bien estar* y de *bien ser*? De hecho, yo invertiría el orden: primero *bien ser* para luego poder *bien estar*.

Afortunadamente, me fui recuperando y pude regresar a mi vida normal. Durante unos meses me sentí plena, llena de vida, con la dulce seguridad de saber y de sentirme bien, que todo estaba bien igualmente a mi alrededor. Volvieron a surgir proyectos profesionales maravillosos, me fui de vacaciones con mi familia y regresé feliz, con tanta fuerza, con tantas ganas de vivir… Todo estaba bien. Por fin todo estaba bien.

Por eso sentí como un mazazo el nuevo toque de atención que me lanzó mi cuerpo, una vez más. Y otra vez vino en forma de enfermedad: traqueítis, laringitis, faringitis, una caída en casa en la que me rompí un brazo y un fallo multiorgánico que me hizo peregrinar por la consulta de todo tipo de médicos una vez más, para acabar diagnosticándome una covid persistente. Y de nuevo la rabia, la inmensa rabia. ¿Por qué otra vez? ¿Por qué ahora, que todo estaba bien? Una vez más, esta no era la pregunta correcta. Y si la cambiamos por ¿para qué ahora?

Dicen que la resiliencia es la capacidad de adaptación ante una adversidad. Yo descubrí ahí la mía, mi capacidad de levantarme una y otra vez. Si ya había conseguido aceptar una vez, tocaba hacerlo de nuevo. Remar, seguir remando, volver a confiar. Entonces aprendí algunas cosas. La principal, a aceptar que nada es para siempre, que todo puede acabar, que todo es efímero. Esa fugacidad también afecta a las personas que nos rodean. A mí, la enfermedad me ha servido para saber ver, desde la distancia, pero con amor, quiénes permanecen, quiénes se han ido y quiénes no volverán a estar nunca más. Con amor y con agradecimiento, porque llegaron en un momento dado para aportar algo y ahora que su misión ha terminado deben seguir su propio camino. También las personas pueden ser efímeras, como los buenos y los malos momentos. Hay que dejar ir, renunciar a esos apegos que acaban siendo un lastre. Y darme cuenta de eso me ha hecho apreciar mucho más cada segundo de mi existencia. Otro regalo que me ha dado la vida.

Alguien dijo una vez que había que vivir con la espalda fuerte y el corazón suave. Debemos aprender a ser amables con nosotros mismos en medio del sufrimiento, y ese sería uno de los pilares de la resiliencia. Vivir el presente, ser amables con el dolor y los malos momentos, no pelear con ellos, porque vienen a enseñarnos algo. Y no es fácil, soy consciente. Hay que regular mucho las emociones y mantener fuerte la mente. Confiar en que eso también va a pasar. Todo pasa, déjame insistir, también el dolor. Y seguir adelante, aunque a veces tengamos la sensación de que el barco se hunde. Eso es también la resiliencia, esa capacidad para seguir remando, aunque no se sepa el rumbo, aunque no tengamos claro a dónde nos llevará ese viaje.

Pero también debemos permitirnos tirar la toalla en algún momento de ese periplo. A veces, hay que dejar que te lleve un poco la corriente porque remar todo el rato es agotador. Permítete perderte si sientes que la corriente en contra es demasiado fuerte. Tienes derecho a la rabia, a la pataleta, a un momento de claudicación. El aire en las velas de ese barco en el que estás remando lo insuflarán las preguntas que te hagas: qué puedo aprender de mí en todo esto; dónde me quiero enfocar ahora; cuál es el siguiente puerto al que quiero ir.

Es muy importante comprender para qué estamos en el mundo, qué significado tiene que yo esté aquí, qué huella he venido a dejar y si estoy conectada con ella o, por el contrario, estoy lejos… Hacerse preguntas de este tipo es sanador y puede salvarte la vida, porque esos interrogantes son los que te hacen cambiar la perspectiva. Lo importante aquí no es la respuesta, sino la pregunta, porque te obligará y te llevará a conectar contigo mismo, volverá a ponerte en el centro, en el foco. Y ahí empieza la sanación, en permitirte un espacio para reencontrarte, para explorar tu dolor, para sentirlo, para soltarlo.

No debemos tener miedo del dolor. Detrás de él está la calma, hay un mensaje, una búsqueda de equilibrio. Detrás del dolor hay amor. Nosotros somos mucho más grandes que una enfermedad. Tú decides cómo vas a vivirla, si hundiéndote en la rabia y la desesperación, alejándote de ti y depositando la responsabilidad de todo el proceso curativo en el exterior, o tratando de serenarte, de hacerte cargo de tus emociones, de ti, de tu vida. Si lo haces así, es probable que tu relación con los que tienes a tu alrededor sea muy diferente. Si te das amor, podrás dárselo a los demás.

LO QUE APRENDÍ EN EL CAMINO

Han pasado tres años desde que mi cuerpo quiso enseñarme desde el lado más difícil, que es la enfermedad. Hoy puedo decir que estoy casi recuperada de todo aquello y me siento tremendamente agradecida por todo lo que he aprendido en este proceso, aunque aún hay momentos de zozobra y vaivenes emocionales.

Mi bagaje profesional me ha llevado a interesarme y a formarme en algunas técnicas de medicina integrativa para enriquecer mi comprensión de la salud holística. Mis problemas de salud empezaron desde la vista y en el lado derecho, es decir, con mi lado masculino, que simboliza mi capacidad resolutiva. Eso es lo que se quiebra. Según estas interpretaciones, la vida me estaba advirtiendo de que en ese presente había aspectos que no estaba viendo, que no estaba teniendo en cuenta. «Si quieres seguir adelante —me dijo—, tienes que ver cosas diferentes. Hay otras maneras distintas de vivir a como lo estás haciendo ahora».

Y esa es una enseñanza importantísima para mí: no hay una única manera de vivir. Empezó a avisarme con pequeños procesos de enfermedad, y como seguía sin hacer caso, me regaló otro más rompedor. Quizá todo lo que tuvo que ver con la vista (el basocelular que me extirparon estaba a solo dos milímetros del ojo derecho) estaba relacionado con la forma en la que estaba enfocando mi vida, con unos valores y unas prioridades que no eran las correctas. Pero seguía sin escuchar con plena atención. «Sí, vale, espera», le respondía cuando me envío pequeños avisos. Y fue rotunda: «No, guapa, no espero yo, esperas tú. Porque lo que tienes que aprender ya no solo es importante, sino que es urgente».

Abrí los ojos un tiempo, y volví a caer en lo mismo. La vida tenía que avisarme otra vez, y llegaron las enfermedades relacionadas con las vías respiratorias, todas aquellas *itis* que te mencioné antes. Según la medicina china —ya te he hablado de ello cuando te conté la muerte de mi padre—, todo lo que tiene que ver con el pulmón está relacionado con la tristeza, con una tristeza que está ahí y que no ves. Las *itis* están hablando del quinto centro, que corresponde a la comunicación. Si relaciono ambas señales (pulmón e *itis*), el mensaje estaba claro: había algo que me estaba generando una profunda tristeza (un asunto del pasado o quizá del presente) y que no estaba siendo capaz de explicar.

Y entre ambos procesos hay una transición, cómo me coloco yo en el centro de mi vida. Ese silencio que me llevó a conectar conmigo. Fue ahí donde la vida me regaló la gran oportunidad de cambiar a mejor. Y cuando digo mejor, digo diferente. Algo que no fuera solo trabajar, trabajar y trabajar. Ahora soy muy yo. Me da igual lo que la gente piense. Esa soy yo, y lo que estaba siendo durante muchos años era un yo enmascarado de muchas cosas.

La enfermedad me ha llevado a estar conmigo. A escucharme, a sentirme, a observarme. He aprendido, gracias a ella, a interpretar el mensaje que me traía el dolor. Nunca la he vivido como un castigo, jamás. Hoy, en este momento, tengo una visión de la vida que muy pocas personas a mi alrededor comparten. La forma en la que había estado enfocando toda mi existencia ahora me parece totalmente equivocada. Han cambiado mis prioridades y mis valores. Hoy puedo decir que mi vida, mi tiempo y mi bienestar son mucho más valiosos que cualquier otra cosa. Solo así puedo regalar tiempo de calidad a los que amo.

A lo largo de nuestra existencia atravesamos por diversas circunstancias que no elegimos, pero sí depende de nosotros cómo nos relacionamos con ellas. Ya lo he dicho varias veces a lo largo de este capítulo: siempre es una decisión. De nosotros depende verlo como un lastre o como un aprendizaje. Yo he elegido verlo como un regalo que contiene una gran enseñanza. Pero he tenido que aprender a ponerme en el centro. Si yo estoy bien, hoy lo sé, todo lo que me rodea está bien. Cuando nos colocamos en el centro nos hacemos fuertes. Pocas cosas hay que nos puedan mover de ahí.

Créeme si te digo que la capacidad de sanarte está en ti, y es una facultad que todos poseemos. Solo hay que aprender a desarrollarla. Eso es el bienestar para mí, el bienestar egoísta. Está escondido en un propósito de vida significativo, en un enfoque donde todo eso que creías que era tu guía, lo que te representaba, tus valores, tus prioridades, se invierte por completo. La respuesta a lo que preguntas, como los propios interrogantes, está dentro de ti. El bienestar, la calma están dentro.

Quizá tú mismo estés pasando también por un proceso de enfermedad y quizá te estés viendo reflejado en lo que cuento. Cuando enfermamos, a muchos nos apetece estar solos, porque así es como nos sentimos. Solos. Nadie puede entender qué nos ocurre si no se siente el mismo dolor, el mismo miedo, la misma incertidumbre ante el futuro que estamos atravesando nosotros. No hay compañía que pueda empatizar con eso porque, sencillamente, ellos no están enfermos. Te entiendo porque también lo he sentido, esa inmensa soledad e incomprensión que solo te pesa a ti.

Y aquí hay algo que tiene que ver con la resiliencia, con la autocompasión de la que te hablaba más arriba: la humanidad compartida, reconocer que nuestras vidas, las de todos, están interconectadas. A los seres humanos nos une el dolor porque todos lo sufrimos alguna vez en nuestra vida. También el amor, es obvio, pero el dolor es más difícil de compartir. Abraham Maslow, líder del movimiento humanista, afirmó que las necesidades de crecimiento y felicidad no pueden satisfacerse si antes no se satisface la necesidad de interconexión humana. Sin lazos de amor y de cariño con otras personas, no podemos desarrollar todo nuestro potencial como seres humanos. La necesidad de integración es fundamental para la salud física y emocional. Si reconocemos que estamos interconectados, en lugar de considerarnos entidades separadas, la comprensión y el perdón se amplían a uno mismo y a los demás.

Cuando somos capaces de compartir el dolor, o de intentarlo, al menos, es probable que nos demos cuenta de que no existe una manera correcta de vivir una enfermedad o un momento complicado. No hay instrucciones que nos digan cómo atravesarlo o cuál es la manera adecuada. Cada uno lo vivimos como hemos aprendido. Y yo he aprendido conectando conmigo, dejando de buscar y de mirar fuera, para volver la mirada a mi interior.

Ahora sé que el propósito de mi vida es impulsar el bienestar y la felicidad de las personas y cuestionar todas y cada una de las creencias que nos impiden avanzar en esa conexión con nuestro propio bienestar. Sé que estoy preparada —gracias a todo lo que he aprendido en este difícil camino— para acompañar a quien esté dispuesto a desmontar toda esa parafernalia de convenciones y creencias que nos hemos echado a la espalda como un fardo pesado. Todo eso son trabas que nos impiden conectar con el bienestar. En el fondo, si sabemos escuchar, la vida nos lanza un mensaje muy claro: todo es mucho más sencillo de lo que creemos, pero nos pasamos la vida complicándolo.

Por eso tengo muy claro que el verdadero bienestar pasa por ponernos a nosotros mismos en el centro, por querernos, por seguir lo que nos dicta el corazón. Yo también, como quizá estés haciendo tú, he buscado siempre las respuestas fuera de mí. Eso ha terminado, he aprendido la lección. Antes de dar un paso fuera, me ocupo de mí para ver con claridad qué me está estresando, cuáles son mis emociones.

Este es mi consejo: conecta contigo. Respira. Haz todas aquellas cosas que te ayuden a mantenerte en calma, en paz. Quizá sea el deporte, o puede que dormir bien, o pasear por la naturaleza, o todas esas cosas juntas. Da igual, haz eso que te siente bien a ti. Obsérvate y conócete, porque ahí está la salida. Vuelve a ti. En lugar de ir a buscar fuera, vuelve a ti.

Cuando aprendes a colocarte en el centro de tu vida, hay pocas cosas que puedan moverte, ya lo he dicho. Eso, para mí, es BIENESTAR con mayúsculas. Es bienestar egoísta. Y estoy tremendamente agradecida por haberlo entendido.

ACTUALIZACIÓN DE ESTADO CON EL ALMA DESNUDA

A veces tengo la sensación de no encajar en mi propia vida. Siento que la vida que he construido ya no me pertenece. A veces me siento una extraña en mi propia casa, con mi propia gente, y no es una sensación fácil de aceptar ni fácil de integrar.

Cuando tengo esa sensación tan extraña es como que me enfado. Me enfado con la vida, me enfado con las personas que tengo a mi alrededor; y realmente lo hago con ellos porque no sé cómo enfadarme conmigo por no poder integrarme en un mundo que ya no es para mí. Es extraño, es una sensación tan difícil de explicar pero que siento cada vez con más claridad…

Se me encoge el estómago y mi respiración me dice basta. Intento escucharme para saber cuál es la dirección que tengo que tomar, cuál es el paso siguiente. Lo único que puedo hacer es llorar y llorar y llorar, y abrazar esta sensación tan difícil de abrazar.

A veces tengo unas ganas enormes de desaparecer, de caminar sin rumbo. De perderme para encontrarme. Y cuando tengo esta sensación, pienso en un lugar que conocí hace unos años en el desierto de Atacama, donde encontré a Karen. Un lugar donde sentí que me encontré de nuevo conmigo.

La historia de Karen es una de esas que no se olvidan. Conocí a esta mujer tan especial durante uno de mis primeros viajes de trabajo a Santiago de Chile, en el año 2018. Tras unos días increíbles y luminosos en los que estuve impartiendo un curso de *coaching* y liderazgo para directivos y unas sesiones de *mindfulness* e inteligencia emocional, quise quedarme unos días más de vacaciones e ir a conocer el desierto de Atacama. Buscaba un guía que me lo descubriera de una manera diferente y alguien me dio el contacto de una mujer llamada Karen.

Quedamos en un lugar muy céntrico para conocernos y empezamos a charlar y a charlar y a charlar… mientras tomábamos un exquisito zumo de frutas. Fue tal la conexión que me invitó a comer a su casa y conocer a su compañera belga, a la que había encontrado después de que la timaran al reservar un hotel. Karen vivía en el desierto, rodeada de caballos y perros. Ella misma había construido su casa. Yo soñaba con encontrar a alguien especial y puedo asegurar que conocí a la persona más extraordinaria que he conocido jamás. Karen es la responsable de cuidar el agua en el desierto de Atacama, de vigilar para que las reservas de agua no se agoten y no se utilicen para fines distintos que los primarios: beber, ducharse, etc. Ella adoraba vivir en el desierto, en el más absoluto silencio. De hecho, había algunos kilómetros de por medio desde su casa al alojamiento más cercano.

Y ahí me quedé. Y comimos rico, y hablamos y hablamos, y pasamos unos días increíbles viviendo los atardeceres del desierto, comiendo ensaladas súper fresquitas, disfrutando de los zumos y, sobre todo, de la presencia y conexión que había entre ambas. Me llevaba en su *jeep*, al que había que sujetar una puerta porque estaba desencajada, a recorrer el desierto y respirar el silencio.

Karen es una mujer indígena, llena de sabiduría, la que le regalaron sus ancestros. El último día antes de volver a Santiago de Chile quiso hacerme un regalo: un masaje energético y equilibrador de energía y una lectura de cartas. «Tras una época de altibajos, sobre todo lo que concierne a la salud y al trabajo, le seguirá un nuevo comienzo», me vaticinó. «La palabra que aparece es éxtasis». «¿Éxtasis?», respondí yo. «Sí, éxtasis; dicha, felicidad con mayúsculas». Y agregó: «Eso es lo que la vida tiene para ti».

Durante un tiempo, he repetido cada día: «¿Éxtasis? ¿Qué querrá decir con éxtasis? ¿Habrá que pasar todo ese momento de dolor, enfermedad para llegar hasta ahí?». Nunca nadie estuvo tan acertado en un pronóstico. La vida te va poniendo ángeles de carne y hueso para que guíen e iluminen tu camino.

Hoy puedo sentir de nuevo este nudo en el estómago y estas incontrolables ganas de llorar y sentirme perdida, perdida una vez más. No sé muy bien a quién contarle todo esto, ni siquiera cómo contarlo, por eso te lo cuento a ti, querido lector, porque estoy segura de que, al menos durante un instante, vas a poder conectar conmigo en este mar de incertidumbre.

Mi vida ahora es un vaivén de calma y de caos, de caos y de calma. La clave: aprender a transitar y disfrutar de la tormenta.

Seguimos aprendiendo.

EL DIFÍCIL EQUILIBRIO DE LA BALANZA: LA IMPORTANCIA DE SENTIRSE EN ARMONÍA

Elisabeth Arrojo

¿Qué mejor principio para cualquier relación humana que en un encuentro sobre felicidad? Así llegó Silvia Escribano a mi vida, en una conferencia, donde todos los ponentes compartíamos vida, salud, bienestar, felicidad... Un lugar de esos que nada más entrar alimenta el alma. Allí estaba ella, con una sonrisa que no hace falta que os explique lo que transmite, porque seguro que ya la habéis visto si estáis leyendo estas páginas y lo habéis sentido.

Ya sabéis eso de que «una imagen, vale más que mil palabras». Poco después de aquel fantástico día en el que compartimos un ratito de nuestra vida, tuve la fortuna de poder entrevistar a Silvia en un espacio de radio semanal que se llama *La voz de la salud, con la doctora Arrojo,* que tengo el honor de liderar dando voz a personas maravillosas que traen vida y bienestar al mundo. Ese mismo día, ella me propuso participar en el magnífico viaje que supone este libro y, por supuesto, a los viajes por y para la vida uno nunca se puede negar, así que aquí estoy... Me viene a la cabeza ese refrán de: «Lo que bien empieza, bien acaba», pero no se ajusta del todo a la realidad, porque esto, lejos de acabarse, ¡no ha hecho más que empezar! Más bien sería: «Lo que bien empieza, mejor continúa».

Suena el despertador: levántate, dúchate, desayuna… Corre al trabajo, vas un poco justo hoy de tiempo, por fin llegas y te encuentras al primer compañero o compañera. Dices: «Buenos días, ¿cómo estás?». Sigues caminando, te cruzas con una segunda persona: «Buenos días, ¿cómo estás?». Y así sucesivamente hasta que llegas a tu mesa en la oficina. Por fin estás en el trabajo. Empieza bien el día, sin incidentes, pero se te ha olvidado algo. ¿Qué será…?

Yo te lo digo: «Buenos días, ¿cómo estás tú?». ¿Te lo has preguntado? Es muy probable que no. Incluso es muy probable que te sorprenda que te diga si te has preguntado cómo estás. ¿Cómo vas a preguntarte a ti mismo? Vivimos gran parte de nuestra vida «perdiendo» el tiempo, hasta que adquirimos consciencia de ello. Si no lo has hecho aún, espero que estas líneas te ayuden a conseguirlo. ¿Que cómo puedo decir que vivimos «perdiendo» el tiempo? Porque la mayoría de los días no vivimos en la realidad, en el hoy, en el ahora, que es lo único real que existe. Nos levantamos pensando en el día que tuvimos ayer, si fue bueno, malo o regular. Especialmente si el día no fue muy positivo, nuestro cerebro nos lleva a tenerlo aún más presente. Si no estamos pensando en el ayer, estamos pensando en el mañana, o en el dentro de dos horas cuando llegue a la oficina… Pero y ¿qué pasa con el ahora? ¿Qué pasa con disfrutar del agua de la ducha relajándote, solo sintiendo cómo el agua cae sobre ti? ¿Qué pasa con tomar el café centrándote solo en lo «rico» que huele? ¿Qué pasa con tu «yo» presente? ¿Qué pasa con tu «yo» real? El pasado es experiencia y el futuro es pura invención. Solo el ahora es real, entonces ¿por qué desperdiciar la realidad?

¿Entiendes ahora eso de «perder» el tiempo? Siempre nos han dicho que perder el tiempo es una falta de responsabilidad, y efectivamente lo es. Pero en realidad el tiempo nunca es perdido, así que no te preocupes. Todo es aprendizaje, y especialmente didácticas son las experiencias menos buenas. Se dice que cuando las cosas no salen exactamente como nos gustaría, cuando ocurren uno de esos para mí mal llamados «fracasos», el aprendizaje es cinco veces más fuerte que cuando ocurre un «éxito». Una buena amiga, y compañera de andanzas, gran empresaria, Gricell, un día me dijo: «A los errores en mi empresa que me suponen pérdida económica los llamo máster». Me encantó esa visión. Efectivamente un error, una mala experiencia, un supuesto fracaso, es un máster, es aprendizaje. La próxima vez que algo no salga como esperas, prueba a decir «he hecho un máster», en lugar de «menudo fracaso he tenido». Y además ese máster va a ser de los mejores, de los que no se olvidan. Es más, mientras escribo estas líneas estoy volviendo en avión de un «máster». Visto así, vuelvo hasta feliz. Si realmente analizásemos el valor real de lo que nos ocurre, y nos centrásemos no en qué «me quita», sino en qué «me da», evitaríamos, probablemente, gran parte del sufrimiento que sentimos ante determinadas situaciones.

El sufrimiento humano es un proceso mental, prácticamente una elección. Sé que te costará entender esto. A mí también me pasó la primera vez que alguien me lo dijo. Sé que te sonará incluso egoísta por mi parte y que te darán ganas de decirme: «Eso es porque no has vivido una situación realmente difícil en tu vida». En realidad, las personas que conocen mi historia saben que sí he vivido situaciones muy difíciles, al menos desde mi perspectiva. Ya sabes que la alegría, la tristeza, la dificultad, la facilidad son interpretaciones individuales y subjetivas y, por lo tanto, muy variables. La más complicada de estas situaciones fue cuando me dijeron que, con cincuenta y ocho años, iba a perder a mi madre por cáncer. Más difícil es cuando tú eres oncóloga y todos a tu alrededor afiman que no vas a poder evitarlo… Eso no ha sido fácil. Afortunadamente, no tenían razón.

Volviendo al sufrimiento como algo realmente mental, voy a intentar explicártelo y espero que te ayude en tu día a día. No digo que no vayas a sufrir nunca más. Yo me sé muy bien la teoría, y trato de ponerla en práctica cada día, pero no es fácil y ante cualquier «golpe» siempre hay unas primeras «volteretas» que superar, para finalmente poder volver al buen camino.

El sufrimiento depende de cómo interpretemos nuestra realidad, de si nos centramos en el problema o en la solución, de si nos quedamos en la resistencia o pasamos a la aceptación. La resistencia genera lucha, enfado, cansancio, malestar… y bloquea el camino hacia la solución o evolución. La aceptación nos desbloquea, nos permite seguir adelante. No hace que esa situación desaparezca, pero sí permite que, en vez de obstaculizarte, pase a acompañarte. Y en esa compañía de viaje, tú decides quién va al volante, la situación o tú.

Soy diabética desde que tenía seis años. Aquello fue una noticia durísima, no tanto para mí que era una niña y yo no entendía muy bien lo que pasaba, sino para mi familia, especialmente mi madre. Yo solo sabía que todo el mundo estaba triste por mí y que de pronto me tenían que pinchar insulina cada ciertas horas, además de controlar mucho lo que comía y el ejercicio que hacía. La verdad es que pensaba que era una lata, que con seis años tengas que controlar cuánto y cómo juegas y lo que comes no es algo que quieras en tu vida, pero a decir verdad resultó más duro para los que me rodeaban que para mí. Especialmente en la infancia, tenía peligrosas bajadas de glucosa frecuentes, y eso hacía que mi madre viviese angustiada por si me pasaba algo. Así que por si un día pasaba algo y ella no estaba conmigo, decidieron que era buena idea que yo llevaste una pulserita en la que pusiera «soy diabética», para que ante cualquier incidencia rápidamente pudiesen identificar mi diabetes y ayudarme si era necesario.

Fuimos a una revisión con mi endocrino y me preguntó qué tal estaba. Le dije que bien y le conté, con la ilusión de la niña que era, que me iban a regalar una pulsera con mi nombre y que además pondría «soy diabética». El endocrino me dijo algo que no se me olvidará nunca: «Debería poner tengo diabetes». Yo le miré sorprendida, con la cara que ponen los niños cuando no entienden algo, tratando de entender la diferencia que él me explicó rápidamente: «Tú eres Elisabeth, una niña preciosa, feliz, rubia... y tienes diabetes».

¡Qué importante este cambio, pasar de la diabetes como parte de tu esencia a convertirla en parte de tus circunstancias! Tú no eres enfermedad, no eres problemas, no eres dificultad. Tú eres tú. Fuera del «tú eres tú», todo lo demás son adjetivos, no esencias.

Por eso, ante la dificultad, ante aquellas cosas, circunstancias, personas que nos hacen sufrir, aprende a interpretar esa realidad. La mente es la que convierte la creencia en realidad, pero son creencias y realidades virtuales muchas veces, sujetas a la interpretación, a cómo veas el vaso... ¿Medio lleno o medio vacío? Las dificultades son oportunidades, aprendizajes acelerados muchas veces.

Pasa del «por qué» al «para qué». Si no hubiese piedras en el camino, no aprenderíamos a saltar. La evolución del hombre no ha sido por la facilidad del sendero, sino por lo espinoso del mismo. Si las hojas no estuvieran en la copa, las jirafas no tendrían el cuello tan largo...

Así que ya lo sabes, ¿sufrimiento u oportunidad?, ¿por qué o, mucho mejor, para qué llega esto a mi vida?, ¿eres o tienes? Y acuérdate, levántate, salúdate y pregúntate ¿cómo estás? Despierta tu cuerpo y tu bienestar cada día, tu armonía interior, cuida tu ser y tu esencia y no solo verás que mejora tu vida, sino que eres capaz de transmitir mucha más fuerza, vida y felicidad a tu alrededor.

LA SANACIÓN ESTÁ EN TI: EL POTENCIAL TERAPÉUTICO DEL SER HUMANO

Soy médico, oncóloga. Mi profesión está entregada a personas que viven situaciones vitales muy difíciles, enfermedades con gran riesgo vital. Muchas personas cuando les cuento a qué me dedico me miran casi con cara de pena y me dicen: «Qué difícil debe ser esa especialidad, no sé cómo puedes dedicarte a ello». Tienen razón, no es fácil. Comparto con mis pacientes situaciones de gran sensibilidad y emoción. Pero no se imaginan lo afortunada que soy… Vivir con personas que están al límite de su vida, acompañarlas en esos momentos, te hace descubrir de una forma increíble la grandeza del ser humano; el poder que las personas tenemos. Te hace descubrir la fortaleza y capacidad interior que los seres humanos poseemos y apenas utilizamos, muchas veces porque ni siquiera sabemos de estas capacidades. Hay algunos «seres de luz», algunos pacientes que yo les considero como de «otra dimensión» que tienen esa capacidad de descubrir este don interior que todos tenemos, y muchas veces lo descubren desafortunadamente «gracias» a la enfermedad.

Sé que muchos leerán estupefactos esto: «Gracias a la enfermedad». Pensarán, la doctora se ha vuelto loca. ¿Cómo se puede dar gracias a la enfermedad? Sé puede y lo sé porque me lo han enseñado mis pacientes. Pacientes que han visto la enfermedad como «el porqué», los ha llevado al «para qué» y les ha cambiado su vida a mejor, pese a pasar por una situación tan difícil.

Nosotros mismos tenemos una gran capacidad de curarnos y enfermarnos. Soy médico, tengo múltiples títulos que lo avalan, utilizo medicinas para tratar a mis pacientes. Estudié en una de las mejores universidades del país, me formé en algunos de los mejores hospitales del mundo, aprendí el tratamiento con medicinas y tecnologías, pero han sido más bien mis pacientes, y mi propia experiencia vital, la que me llevó a darme cuenta y, por tanto, formarme en esa capacidad de curarnos y/o enfermarnos que tenemos los seres humanos. Esto no es creencia, es ciencia. Repito que soy médico, con una mente analítica, que se fundamenta en evidencias científicas. Esto se enseña poco o casi nada en las universidades, pero es una realidad fundamental para la salud del ser humano.

En realidad, todos sabemos que podemos curarnos o enfermarnos con nuestro propio yo. Por supuesto, no tenemos una capacidad infinita, necesitamos de la medicina y no somos culpables de nuestra enfermedad ni mucho menos. No quiero que nadie me malinterprete. Siempre es recomendable acudir al médico y seguir sus consejos, por supuesto. Incluso casi el mejor momento para acudir al médico es en la salud para prevenir la enfermedad. De hecho, en prevenir la enfermedad es en lo que deberíamos centrarnos los médicos. Para nada quiero que ninguna persona que lea estas líneas caiga en la inconsciencia de pensar que la medicina no ayudará a su vida y su salud.

Pero sí es importante saber que, en la curación o desarrollo de una enfermedad, nuestro propio «yo» juega un papel fundamental. Vamos a pensar, por ejemplo, qué ocurre cuando estamos pasando por una situación estresante, que nos agobia y nos entristece. En esos momentos, cuando tenemos un dolor, ese se hace mucho más intenso. Nos encontramos cansados, nos duele la cabeza, la espalda, nos sienta mal la comida... Y ¿qué ocurre cuando estamos felices? De pronto tienes más energía, duermes mejor, ya no te acuerdas de qué te dolía... Nuestro propio cerebro es un gran liberador de opioides, de endorfinas que nos dan bienestar, pero también de cortisol que produce inflamación, bloquea el sistema inmune, la función digestiva…

Habitualmente, en consulta, me preocupa mucho cuando un paciente solo se queda con los hipotéticos efectos secundarios de un tratamiento, cuando se focalizan en la posibilidad de que eso ocurra. Cuando se centran en el «y si…». Donde pones el foco, pones tu atención y donde está tu atención está tu vivencia. Si vives pensando «a ver si me da dolor de cabeza, a ver si voy a tener náuseas…», tendrás dolor de cabeza y náuseas. ¿Te has dado cuenta alguna vez de cuando ves a alguien que se rasca, de pronto a ti te empieza a picar también el cuerpo?

Seguro que habrás oído hablar del efecto placebo y la gran potencia que tiene. Como cuando te dan una cápsula vacía que te dicen que es muy buena para tu dolencia y parece que ya te encuentras mejor. Es más, en las consultas médicas, se ha constatado que el trato, la empatía y la confianza con el paciente, son por sí misma terapéuticas. Los pacientes mejoran, solo por esa misma consulta llega hasta pasarse el dolor.

Recuerda la gran frase de Henry Ford: «Tanto si crees que puedes, como si crees que no puedes tienes razón».

LA SALUD EMPIEZA EN TU PLATO

Seguro que habrás oído eso de «somos lo que comemos» y efectivamente en gran parte es así. Imagina que te quieres construir una casa. ¡Es algo muy importante! Tiene que ser sólida, tener buenos cimientos y materiales duraderos porque ahí vas a vivir y tiene que estar bien. Piensa que muchas veces ni siquiera es la casa para el resto de tu vida, pero quieres que esté bien porque eso te dará confort, bienestar, alegría. Te ahorrará tener que llamar continuamente al fontanero, al electricista, al albañil porque algo no está bien. Antes de construir la casa, valoras diferentes opciones, estilos, materiales.

Preguntas sobre la solidez de estos, la calidad. Inviertes en lo mejor porque es tu casa. Dedicas tiempo porque es tu casa, es muy importante. Ahí vas a vivir. Tiene que estar bien y, además, seguir estando bien a lo largo del tiempo.

Ahora vamos a pensar un poco juntos. ¿Dónde vives realmente? ¿En tu casa o en tu cuerpo? Tu cuerpo vive en tu casa, pero tú vives en tu cuerpo. ¿Y por qué no lo construyes con lo mejor? ¿Por qué no le dedicas tiempo? ¿Por qué no lo alimentas de los mejores «materiales»? ¿Por qué no lo cuidas para evitar tener que acudir al «albañil o fontanero de personas»?

La buena alimentación resulta fundamental para mantener nuestra salud física y mental. Sabemos que una alimentación inadecuada lleva a multitud de enfermedades. La mala alimentación, la obesidad, el consumo excesivo de grasas y azúcares conduce a dolencias muy serias como la diabetes o las enfermedades cardiovasculares, pero también es uno de los principales factores de riesgo de cáncer. Hoy en día sabemos que más del 40 % de los casos de cáncer se pueden prevenir modificando los hábitos de vida y, entre ellos, la alimentación.

Existen evidencias científicas de que hay determinados alimentos, como las carnes procesadas, que aumentan el riesgo de cáncer, especialmente de cáncer colorrectal. También de que el consumo de azúcares refinados se relaciona con un mayor riesgo de cáncer, aunque es cierto que de una forma indirecta. No es del todo cierto eso que se dice de «el azúcar alimenta el cáncer». Lo que sí es cierto es que los azúcares generan picos de glucosa, y estos a su vez generan picos de insulina, y la insulina es una hormona que sí se ha relacionado con un aumento en la multiplicación de las células malignas. Con base en este hecho, existen algunos antidiabéticos orales que han demostrado, incluso, un papel protector en el cáncer, precisamente entre otras cosas porque disminuyen esos picos de insulina en los diabéticos tipo II.

Además, las personas que consumen altas cantidades de azúcar suelen tener un mayor índice de obesidad y esta es un factor de riesgo para el cáncer. El tejido graso se considera un segundo órgano endocrino, donde se generan multitud de hormonas que pueden aumentar el riesgo de determinados tipos de cáncer, especialmente los hormono-dependientes como el de mama o los ginecológicos.

Pero también existen alimentos protectores contra el cáncer. La fibra, especialmente de los cereales integrales, se ha demostrado que es protectora del cáncer de colon. Por eso te recomiendo consumirla de forma diaria. Además de en los cereales integrales, puedes encontrarla en otros alimentos, como la pasta, el arroz o el pan integral. Ayuda al tránsito intestinal, y al final esto se traduce en un menor riesgo de bacterias indeseadas en el tracto digestivo que acaben generando una alteración en nuestra microbiota (las bacterias buenas de nuestro intestino, para que lo entiendas), que se conoce como disbiosis intestinal y, finalmente, un tumor maligno por la multiplicación celular anómala que se empieza a producir en esa zona, tras una división celular continua en un intento de repararla.

Los españoles, en realidad, lo tenemos fácil. Nos sabemos la teoría, aunque no nos la aplicamos lo suficiente, y desafortunadamente cada vez menos. Sabemos lo que es la dieta mediterránea, que tan beneficiosa es para nuestra salud. Debemos consumir una dieta rica en frutas y verduras. Como normal general, se recomienda comer unas cinco piezas al día de estos alimentos. Debemos, además, tomar grasas saludables como el aguacate, muy rico en antioxidantes, aunque con alto contenido calórico, lo que hay que tener en cuenta en casos de exceso de peso.

La grasa por excelencia tiene su cuna en España: el aceite de oliva virgen extra. También son muy saludables los frutos secos, pero al igual que con el aguacate, debemos tener en cuenta que tienen un alto contenido calórico. Para compensar el alto contenido calórico, tenemos alimentos maravillosos como las setas, ricas en ergotioneína que se ha identificado como un protector para la neurocognición. Son ricas en antioxidantes y vitaminas, y además tienen un alto poder saciante con pocas calorías lo cual puede resultar muy beneficioso en algunos casos. Son ideales como guarnición de cualquier plato.

También creo que nos toca hablar de mitos. Hay uno por el que no sé si las abuelas dejarán de hablarme. Y es que el zumo de naranja no es lo más sano. Eso que siempre nos han dicho de: «Tómate un zumo, y rápido que se van las vitaminas», en realidad no es el mejor de los hábitos. ¿Qué cómo puedo decir esto? Pues por el alto índice glucémico que alcanza el zumo al quitarle la fibra de la naranja. El zumo de naranja genera picos de glucosa muy importantes, al no tener el equilibrio de la fibra de la pulpa. Cierto es que la naranja es rica en vitamina C, pero te recomendaría que te la comas entera, más que en un zumo. ¡Perdón a las abuelas y a todos los que se ofendan por llevarles la contraria a su abuela que siempre es un referente en nuestras vidas!

Seguimos un poco más con mitos y leyendas. No es cierto que los hidratos de carbono aumenten por sí mismos el riesgo de cáncer. Pongamos el ejemplo de los deportistas de élite. Consumen unas seis mil o siete mil calorías al día al menos. Para ello tienen que nutrirse con cantidades elevadísimas de hidratos de carbono. ¿Alguien tiene la sensación de que los deportistas de élite tienen más cáncer que el resto de la población? Seguro que no. De hecho, es raro oír un caso de uno de estos deportistas con cáncer, afortunadamente. Los hidratos de carbono son una fuente importante de energía en nuestra dieta. Se considera que una dieta equilibrada debería componerse en un 60 % de hidratos de carbono, un 15-20 % de proteínas aproximadamente y el resto verduras, grasas saludables...

¿Qué es lo que tienen como parte «menos buena» los hidratos de carbono? Por un lado, que los de absorción rápida generan picos de glucosa y, por otro, que los hidratos de carbono suelen aportar un alto índice calórico. Por tanto, las personas que consumen muchos hidratos, y no lo compensan con suficiente ejercicio físico, suelen tener más índice de obesidad y la obesidad, como ya hemos visto, sí se ha relacionado directamente con un aumento en el riesgo de padecer cáncer.

¿Y las proteínas? ¿Cuáles son mejores? Existen proteínas de origen animal y vegetal (soja, tofú…). Las de origen animal son las de mayor valor biológico y, entre ellas, la proteína estrella es el pescado azul, por la gran cantidad de antioxidantes que contiene. Se dice que una persona sana debería consumir al menos un gramo de proteínas por cada kilo que pesa al día. En caso de enfermedad se recomienda muchas veces, salvo problemas renales, aumentar la ingesta proteica porque ayuda a la recuperación. Por ejemplo, en pacientes oncológicos, se aconseja consumir dos gramos de proteínas por cada kilo que pesa el paciente.

Y vamos con dos mitos finales: la leche y los huevos. Con frecuencia veo pacientes en la consulta que me dicen: «Doctora, he dejado la leche porque me han dicho que aumenta el riesgo de cáncer». En realidad, no es así. Es más, existen evidencias científicas de que los productos lácteos protegen contra el cáncer de colon. La leche es rica en calcio, el cual es muy importante para nuestros huesos, pero también contribuye a la prevención de enfermedades oncológicas. Existen ciertas controversias con las hormonas de la leche, ya que se dice que podría aumentar el riesgo de tumores de mama hormono-dependientes, pero en realidad ningún estudio ha sido concluyente.

Es importante, además, saber que la leche más saludable, salvo excepciones individuales, es la leche entera. Es cierto que los productos lácteos pueden contener un elevado índice de materia grasa, pero se trata de hacer un menú equilibrado, que también lleve grasas, sanas, pero que se compense con otros alimentos nutritivos de bajo contenido calórico.

Lo mismo pasa con los huevos, son un alimento con muchas propiedades nutricionales y gran fuente de proteínas, por ejemplo. Pero a quién no le han dicho que «no se pueden comer más de dos huevos a la semana». La verdad es que esto tampoco es cierto. Todo se basa en el equilibrio. Debemos llevar una dieta equilibrada y diversa, aprovechando el poder nutritivo de cada alimento y combinándolos de una forma ordenada.

¡Y no te olvides de las verduras de hoja verde! Son una fuente importante de triptófano, el precursor de la serotonina, la llamada «hormona de la felicidad» que nuestro cuerpo no tiene la capacidad de sintetizar por sí mismo. Recuerda, «la felicidad también se come».

Así que un consejo, piensa en tu plato, lo que debe componer, diseña tu menú para la semana, haz una lista y vete a la compra, con tiempo, de forma planificada. Abandona el hábito de «comprar cualquier cosa» a la que sales del trabajo. Ya sabes, cuidado, hábito, constancia, virtud, salud, felicidad.

LA VIDA ES MOVIMIENTO, ¡MUÉVETE TÚ TAMBIÉN!

Llegas un día al trabajo. Tu jefe o jefa plantea un nuevo proyecto. Hay unos objetivos claros que hay que lograr. Habrá que trabajar duro, pero luego llegará la recompensa de conseguir los resultados. Ni siquiera te cuestionas si lo tienes que hacer. Es un acto de compromiso y responsabilidad.

Te levantas por la mañana. Ves la bolsa del gimnasio. Te has apuntado recientemente. Tienes que ir. Pero ya empezarás mañana. Estás cansado o cansada. Has perdido la masa muscular que tenías los últimos años. Cada vez cuesta más subir las escaleras, y la situación, día tras día, se hace un poquito más difícil. ¿Por qué para conseguir un objetivo en el trabajo entendemos perfectamente bien el esfuerzo, la dedicación… y para conseguir un objetivo vital para nosotros, para nuestro bienestar, para nuestra salud, se nos torna como algo muy cuesta arriba? Lo cierto es que la pereza representa un papel importante. Al final, el trabajo no lo podemos dejar pues lo necesitamos para subsistir, y parece que nuestro cuerpo lo puedes «aparcar», porque mal que bien va *tirando*. Además, nos da la sensación de que siempre tendremos tiempo «más tarde» para ocuparnos de eso. Siempre tenemos la excusa de «hoy tengo mucho lío». Mañana puedo ocuparme de mí.

Pero si te parases a pensar fríamente, ¿te has dado cuenta de que, igual que el proyecto laboral tiene una fecha de entrega, tu cuerpo también tiene una fecha de caducidad? ¿Te das cuenta de que el cultivo diario de tu cuerpo resulta fundamental para tu bienestar? Imagínate un cultivo que necesite riego diario y solo le echemos agua de vez en cuando. Se enfermaría. Y si tratases de recuperarlo, el esfuerzo sería muchísimo mayor que si lo hubieses cuidado cada día, y eso teniendo en cuenta que consiguieses recuperarlo. Todo es una cuestión de prioridad, constancia y esfuerzo. La mayoría de los grandes filósofos (Séneca, Aristóteles…) buscaban la felicidad y encontraban la respuesta en la virtud, en la constancia, en «hacer lo que tenemos que hacer».

Piénsalo, ¿qué es lo más importante que hay que cuidar, que cultivar? Seguramente me digas que para ti lo más importante es la familia. Y por supuesto que lo es. Pero ¡ojo! Para cuidarlos a ellos, primero tienes que cuidarte tú. Solo si tú cargas tu energía, puedes ser un cargador de energía para los demás. No es una cuestión de egoísmo, es una cuestión de capacidad. Piensa, por ejemplo, en las mascarillas de oxígeno en los aviones, primero se la pone el adulto, y luego, se la pone al niño o niña.

Se ha demostrado que el ejercicio físico no solo alarga la vida porque mejora la salud cardiovascular, sino que influye en la sensación de bienestar, ya que disminuye el cansancio y aumenta la felicidad porque la masa muscular es fundamental para contribuir a generar melatonina que nos ayuda al descanso nocturno e, incluso, serotonina, la llamada «hormona de la felicidad». Se ha demostrado además que el ejercicio físico protege frente al cáncer.

Vuelve a leer el párrafo anterior, léelo con detalle y estoy segura de que después de leerlo no podrás evitar fijarte como objetivo diario practicar ejercicio físico, por ti, por tu cuerpo, por tu mente, por tu bienestar, por el de tu familia. Todo en la vida requiere constancia, esfuerzo, sacrificio, pero es cierto que cuando esto se practica de forma reiterada y comprometida se convierte en virtud, fuente de felicidad y satisfacción.

¿Te das cuenta lo bien que te sientes cuando por fin decides ir al gimnasio y este hábito perdura en el tiempo? Claro que es tentador quedarse descansando, no hacer esfuerzos, la falta de compromiso, pero piensa qué aportan estas costumbres a tu vida. ¿Has oído el dicho de «pan para hoy, hambre para mañana»? Combina en tu práctica diaria el ejercicio aeróbico (el de quemar calorías), con ejercicio anaeróbico (el de fortalecer la masa muscular), pues ambos resultan fundamentales.

Crea hábito en ti y el hábito se convertirá en costumbre. Y, muy importante, sé un ejemplo para los demás, especialmente para los más pequeños. Los hábitos que adquirimos desde la infancia se convierten en actividades cotidianas sencillas en la edad adulta mucho más fáciles de seguir. Cuida la casa en la que habitas durante toda tu vida, tu cuerpo, y este te cuidará a ti.

SANARTE MIENTRAS DUERMES: EL PODER REPARADOR DEL DESCANSO

El cuerpo y la mente humanas son maravillosos. Están diseñados como la mejor obra de ingeniería jamás imaginada. La coordinación entre ellos es prodigiosa. Todo tiene una función y una misión. En nuestras necesidades, ninguna se ha puesto ahí por «llenar hueco», sino que tiene un fin fundamental. Una de ellas es el ejercicio físico, fundamental para nuestra salud y bienestar. Pero otra necesidad, que también requiere cierto esfuerzo, es el descanso.

Muchos y muchas pensarán que descansar es sencillo, pero no están en lo cierto. El descanso también requiere disciplina y compromiso. Con descanso no me refiero a horas de sofá o de ver la televisión, me refiero a dormir. Mientras dormimos ocurren una serie de procesos imprescindibles para nuestro organismo, para que nuestro cuerpo y mente estén preparados al día siguiente para continuar con la actividad cotidiana.

Debemos dormir, al menos, unas seis horas diarias y no muchas más de ocho. Durante el sueño existen varias fases, seguro que has oído hablar del sueño REM. En total son unas cuatro fases. Cada una de ellas resulta fundamental y debemos pasar por todas porque cada una tiene un objetivo a nivel de recuperación en nuestro organismo. Estas fases son consecutivas, y si nos despertamos tenemos que volver a empezar. Por eso resulta fundamental evitar los despertares nocturnos, porque si nos despertamos, hay fases fundamentales que no llegan a ocurrir o que son demasiado breves.

Mientras dormimos, el cerebro, el organismo, no descansa, sino que está trabajando en procesos básicos. ¿Qué pensarías, por ejemplo, si te dijera que la falta de sueño engorda? Mientras dormimos se liberan o suprimen muchas hormonas. La falta de descanso produce una disminución de la hormona de la saciedad, la leptina, y un aumento de la hormona del hambre, la grelina. Ante la falta de sueño, nuestro cerebro no es capaz de controlar bien esa secreción hormonal. Es bien sabido que la falta de sueño genera, además, otros trastornos como pérdida de memoria, falta de concentración, depresión...

Resulta fundamental cuidar la actividad y el descanso en nuestro organismo. Por ello, trabajar para tener un buen descanso nocturno también es muy importante. Para ello:

- Evita utilizar pantallas móviles, *tablets* o ver la televisión justo antes de dormir ya que sus luces disminuirán la secreción de melatonina.
- Evita las comidas copiosas antes de ir a la cama o el ejercicio físico intenso ya que activará hormonas y procesos en tu organismo que dificultarán el descanso nocturno.
- Prepara tu cuerpo para el descanso. Puedes realizar una meditación antes de dormir, darte un baño relajante, dar un paseo tranquilo o tomarte un vaso de leche que contiene péptidos que ayudan a dormir.

Recuerda, en el hábito de la virtud está la felicidad. Y ya ves que no solo debemos «imponernos» actividad, sino también descanso, pero «de calidad».

CUERPO Y MENTE: UN BINOMIO INDIVISIBLE CUANDO HABLAMOS DE BIENESTAR

La organización mundial de la salud (OMS) define la salud como: «El perfecto estado de bienestar físico, psíquico y mental y no solo la ausencia de enfermedad». Si te guías por esta definición y miras a tu alrededor, ¿cuántas personas ves realmente sanas? Probablemente muy pocas.

La salud del cuerpo resulta más fácil de entender, pero la salud mental es mucho más compleja. Estar sano mentalmente, psíquicamente, no solo es no tener un trastorno psiquiátrico, o una depresión grave o crisis de ansiedad severas diagnosticadas. Estar sano mentalmente también implica que nuestra mente esté en paz. Hemos hablado ya sobre cómo «cultivar» un cuerpo sano. Además, saber que tenemos que cuidar el cuerpo parece que es algo más común en la sociedad. Pero vamos a hablar ahora de algo fundamental, cuidar la mente. Ya hemos visto que una mente sana resulta fundamental para tener salud según la OMS.

Cuerpo y mente están totalmente conectados. Seguro que has oído, por ejemplo, que «el intestino es el segundo cerebro». Lo que comemos repercute en nuestra mente y nuestra mente repercute en nuestra digestión. El cerebro controla todos los procesos del organismo. Un proceso continuo en nuestro cerebro son las emociones y los pensamientos, que se convierten en creencias. Cuando nuestro cerebro está «colapsado» de estos, sobre todo si son intensos, no puede realizar el resto de funciones de forma adecuada. Se ha visto que el estrés genera una liberación de cortisol, que disminuye la eficiencia de muchas funciones de nuestro organismo: el sistema inmune, el descanso nocturno, la digestión...

Nuestro cerebro es tan perfecto que sabe priorizar procesos. Si tengo una amenaza en mi vida, el cerebro libera cortisol para que mi corazón lata más rápido, mi respiración se acelere, mis músculos se llenen de sangre y pueda salir corriendo. Mi cerebro en esos momentos se olvida de la digestión, protegerme de infecciones, dormir... Imagínate cuando nuestro cerebro vive en esa sensación constante de amenaza. Aparecen las enfermedades cardiovasculares por el exceso del trabajo al que sometemos nuestro aparato circulatorio, las enfermedades digestivas, el cáncer, las infecciones... pues nuestro sistema inmune no está trabajando para defendernos. Aparece la falta de descanso nocturno, la depresión... porque nuestro cerebro no trabaja para liberar las hormonas de forma adecuada.

Por todo esto resulta fundamental hablar de bienestar mental. Tenemos que cuidar nuestra mente cada día. No solo debemos evitar las enfermedades mentales más graves, sino también esos «males menores» pero continuos para nuestra mente. Imagina el daño que hace tan solo una pequeña gota de agua cayendo diariamente en el mismo sitio. Algo incluso muy pequeño, pero que persista en el tiempo, puede convertirse en algo muy muy grande. Y muy importante, esto es así «para lo malo», pero también «para lo bueno». Pequeñas cosas buenas repetidas con constancia se convierten en cosas maravillosas. Pensamientos y actitudes positivas repetidas en el tiempo, generan creencias, «realidades» positivas.

Aprende a dar valor a lo que realmente importa. Trata de diferenciar creencia, interpretación, educación recibida, de realidad. Aprende a priorizarte y dar el valor que tiene lo que te rodea. Vive el presente. El pasado es recuerdo, el futuro es pura invención. Pero si te das cuenta, vivimos continuamente pensando en ayer y mañana y muy poco en el hoy. Vivimos una realidad que es virtual, porque no existe en el hoy, pero sufrimos como si existiese. Recuerda que los «y si...» pasan menos del 10 % de las veces. Analízate, escúchate, «piénsate», y dirige tu vida con consciencia, plenitud y conocimiento. Solo tú sabes lo que necesitas.

¿DE VERDAD QUIERES SER ESCLAVO DE UN CANON DE BELLEZA?

Vivimos en la era de la imagen y la apariencia. Actualmente, las redes sociales hacen que gran parte de la población proyecte en ellas esa vida que les gustaría tener para que parezca que realmente la tienen. Las fotos están retocadas, las poses están preparadas, necesitamos plasmar en imágenes lo que nos rodea para que el mundo sepa «lo idílico y perfecto» de nuestra vida. Pero muchas veces es fachada.

Esto está creando un grave problema social. Está dando la falsa imagen, especialmente a los más jóvenes, de que la mayoría de las personas tienen una vida idílica, perfecta, sin problemas. Actualmente parece más importante «contarlo al mundo» que «hacerlo».

Hace poco vi un vídeo que me encantó. Una mujer que decía: «Ponte guapa para gustarte, cómprate unas flores, resérvate un hueco en la agenda y tómate un café contigo misma». Me fascinó esta visión porque me parece que en eso consiste claramente la felicidad. En primer lugar, en disfrutarnos a nosotros o nosotras mismas. En dejar de ser lo que el mundo quiere que seamos, para ser lo que queremos ser. En convertirnos en nuestro propio referente.

Con los años y la madurez, vamos aprendiendo. La escuela de la vida nos va enseñando. En la adolescencia nos dejamos llevar fácilmente por las modas, por lo que hace la mayoría, por ser iguales a los demás. Pero algo que, conforme pasan los años, cada vez tengo más claro es que lo especial está en lo diferente. Si te paras a pensarlo, los grandes científicos o los referentes de la humanidad son y han sido personas diferentes al resto. Su diferencia es lo que les ha hecho especiales. Es más, hay incluso personas que son consideradas especialmente bellas por tener rasgos incluso muy extremos, diferentes. Cada uno tenemos nuestra propia esencia, nuestros defectos y nuestras virtudes y si llevamos al máximo nuestra virtud, esta se convierte en nuestra bandera.

Fíjate, además, en la visión tan subjetiva de lo material, de lo superficial. Cuando una persona nos resulta simpática, de pronto nos parece más guapa. Todo lo que ocurre a nuestro alrededor lo percibimos como realidad, pero en base a una interpretación, que es claramente subjetiva. Vemos una realidad objetiva, pero nuestro cerebro la interpreta de forma subjetiva con base en las creencias y experiencias en las que hemos sido educados. Por eso lo de ver el vaso medio lleno o medio vacío. Por eso, las diferentes percepciones cuando diferentes personas viven una realidad.

Piensa en los rumores, por ejemplo. Muchas veces no se modifican las historias reales de forma malintencionada, sino que la misma situación se interpreta de formas diferentes, y según quién la cuente, la historia va cambiando.

Estamos rodeados de publicidad subliminal que nubla nuestros sentidos. El mundo actual nos lleva a la igualdad en los cánones que se establecen como «de moda» para destacar, pero, piénsalo, los iguales no destacan. Destacan los diferentes. El que descubre el gran poder interior que tiene cree en ese gran poder y lo lleva a su máxima potencia. No hay nada que resulte más atractivo que la seguridad en sí mismas de las personas. Una persona segura genera confianza. Piensa cómo cuando una persona se sale de los estándares con convicción y decisión no se convierte en alguien que se deje de lado, sino todo lo contrario.

Descubre el poder que hay en ti, descubre cuál es tu canon de belleza, de virtud, de felicidad. Potencia tu libertad, quiérete y gústate en primer lugar. Ten la valentía para descubrir lo que tú quieres y cómo lo quieres y vete a por ello y llévalo a su máxima potencia. Cuando luchas y vives por lo que crees y lo que amas, con convicción, con el mejor de los reconocimientos que se puede obtener que es el tuyo propio, el camino de la vida sigue siendo complejo, pero se torna agradable. Pisas firme en cada paso.

El ser humano ansía ser amado y en esa ansia busca el reconocimiento de los que le rodean, pero el mayor amor que uno puede recibir es el amor a uno mismo, porque solo así puede recibir el amor de los demás de una manera pura y desinteresada.

¡DESPIERTA A LA VIDA!

Continuamente escuchamos el comentario: «La vida pasa muy rápido. Hay que disfrutarla». Escuchamos los consejos de nuestros mayores diciéndonos: «Aprovecha y disfruta la vida que pasa muy rápido». Incluso nos dicen: «No hagas lo que hice yo». Y pese a esto, continuamente repetimos la misma historia. Cuantos más años pasan, más conscientes somos de que la vida es demasiado breve y hay que aprovechar cada minuto, pero en la velocidad de vértigo en la que vivimos, nos quedamos habitualmente en el «tengo que tomar las riendas», y cuando nos damos cuenta, la mayor parte del tiempo ya ha pasado o ya nos hemos quedado sin fuerzas para coger esas riendas de forma firme y decidida.

Continuamente veo en mi consulta cómo las personas se arrepienten porque «se les ha hecho tarde para decidir vivir». Ya sabemos ese dicho de: «No dejes para mañana lo que puedas hacer hoy». Nos sabemos muy bien la teoría, pero el problema es que no la ponemos en práctica. Decía Buda: «El problema es que creemos que tenemos tiempo». (Gracias J. D. por enseñarme esta frase).

A todo esto se suma, además, lo que nos cuesta salir de nuestra de zona de confort. El cambio implica acción. Nadie puede hacerlo por nosotros. Con todo lo que vivimos en nuestro día a día, a veces, se nos antoja imposible hacer algo más. Si ya no tenemos fuerzas ni tiempo para nuestro día a día, cómo vamos a hacer algo más. Tenemos resistencia al cambio. El cambio implica acción y revolución. Cuando cambiamos, el mundo a nuestro alrededor se revoluciona. Cambiamos nosotros y generamos cambio a nuestro alrededor que a veces no es ni siquiera entendido.

Pero ten en cuenta una cosa, tú eres el único actor o actriz de tu propia vida. Tú eres quien tiene el poder de dirigir tu vida hacia el destino que quieres. No se trata de dejarse llevar por la corriente, sino de remar hacia donde tú quieres ir.

Piénsalo, te sacrificas por tu familia, por tus hijos, por los que te rodean, para que al final todos vivan sus vidas y tú te hayas dejado en el camino, en manos de los demás, la tuya. Piensa cuántos de esos supuestos sacrificios ni siquiera realmente han aportado nada real a la vida de los demás. Decía

Aristóteles que en la virtud está la felicidad. En el esfuerzo, el trabajo, la constancia… Levántate, coge un papel, define cuáles son tus deseos, tus objetivos, tus metas vitales y toma acción.

Tu futuro está en tus manos. Piensa en tu propia historia y la de tus ascendientes. Escucha a los más mayores o a aquellos que, pese a no ser mayores, están al límite de sus vidas. Escucha lo que te dicen, lo que te aconsejan. «Lúcrate» de la experiencia de tus semejantes. El ser humano es el único animal que tropieza dos veces con la misma piedra. ¿Y si prestamos atención a la piedra y en esta ocasión la esquivamos?

DESCUBRE QUIÉN ERES

Saber quiénes somos y qué queremos es fundamental para nuestro bienestar y salud emocional. Trata de definirte. Seguramente te pasará que tu definición de ti mismo/a está condicionada por lo que los demás dicen de ti. Tu madre te dice: «Eres muy desordenado/a»; tus amigos te dicen: «Eres muy exigente»; tu jefe te dice: «Eres muy lento». Pero ¿eres así realmente? Analiza tu comportamiento, ¿es el que refleja cómo eres o el que tienes para ser cómo se espera que seas? ¿O te comportas así porque dejas que la opinión de los demás te defina? Si el jefe dice que soy lento/a, pues es que soy lento/a. ¿Creencia o realidad? A mí, me ha ayudado a saber quién soy, que no es nada fácil, analizar lo que los demás dicen de mí y valorar de forma sincera cuánto hay de cierto en eso.

Este ejercicio puede ayudarte incluso a conocer si en realidad proyectas una imagen que es diferente a cómo eres en realidad en esencia, porque estás viviendo como te han educado que hay que vivir, porque estás haciendo lo que se supone que el mundo espera que hagas. ¡Descubre quién eres, qué quieres y hazlo! No va a haber una segunda oportunidad para tener la vida que deseas, y en tus manos está conseguir vivir tu vida y no dejar que los demás la vivan por ti.

HERRAMIENTAS PARA LA ACCIÓN: APRENDIENDO A DECIR QUE NO

Te propongo algo. Cuando alguien te invite a algo, te pida algo… piensa si realmente tú quieres hacerlo. Vivimos condicionados por nuestra educación y por lo que los demás piensan de nosotros, por la imagen que proyectamos. Siempre decimos que la vida es demasiado corta. ¿De verdad vas a dejar que los demás decidan cómo tienes que vivirla? Di que no a lo que no quieres, y disfruta la sensación. Se sincero contigo mismo/a y con los demás. El respeto es básico en las relaciones humanas. Si alguien no te respeta, tal vez debes pensar qué aporta a tu vida, qué aporta a tu yo. No es fácil al principio, pero acabará conquistándote y te hará libre.

QUIÉRETE

¿De verdad no tienes tiempo para ti o no «quieres» tenerlo? Muchas veces nos quejamos de que no tenemos tiempo y efectivamente el tiempo es limitado, pero lo que ocurre es que no lo gestionamos adecuadamente. El día tiene veinticuatro horas para todas las personas, y ¿por qué a algunas les da más tiempo a hacer cosas que a otras?

Necesitamos definir qué queremos y qué no queremos. Necesitamos ponernos en el centro de nuestra vida y que toda nuestra vida gire a nuestro alrededor y no nosotros alrededor de la vida. Piensa en tus prioridades, las que de verdad importan, colócalas en tu agenda y distribuye el tiempo que sobre en el resto de las cosas. Deja de inventarte excusas, deja de justificarte con realidades «irreales». Piensa en lo que de verdad importa, pero de verdad, no lo que tus creencias «irreales» te dicen que importa.

Te propongo un ejercicio. Cuando salgas del trabajo, en vez de ir a casa corriendo a atender a tu familia, a hacer la compra o alguna «obligación», dedica treinta minutos para ti. Deja de correr, siéntate en un lugar que te guste, pasea, escucha música, toma algo en una terraza y disfrútate. Sonríete y goza de la sensación de estar en paz en tu compañía. Luego vete a hacer lo que tenías que hacer. Tu cortisol ya habrá bajado, ya estarás en un estado de relajación, ya podrás dar el 150 % de ti mismo/a porque tu energía se habrá cargado, porque estarás en paz. Romper la inercia de la prisa en tu día, te ayudará a sentirte mucho mejor, a conservar tu salud y, en definitiva, a cultivar más y mejor tu felicidad.

Tu agenda

Necesitamos salir del caos. La felicidad y el bienestar se basan entre otras muchas cosas en la disciplina, constancia y responsabilidad para con nosotros mismos. La felicidad no es un regalo, es un mérito. No podemos ser felices sino trabajamos para serlo. No podemos ser felices si no tenemos salud. No podemos tener salud si no la cultivamos.

Abre tu agenda semanal y reserva huecos esenciales, inamovibles en tu día a día:

- Necesitarás todos los días al menos una hora para ti, para meditar, para relajarte, para «pensarte». Repártela como mejor te encaje, puedes dividirla incluso en pequeños momentos, pero es una prioridad.
- Necesitarás, además, al menos treinta minutos diarios de ejercicio.
- También debes anotar unos 15-20 minutos a la semana para planificar tu cesta de la compra, para determinar qué

alimentos debes tomar y dejar de ir a comprar cogiendo alimentos sin ningún tipo de control ni orden.

- Acuérdate de reservar las horas de sueño que necesitas. Habitualmente entre siete y ocho horas diarias.

Ya sé que vas a pensar que no tienes tiempo. Pero la experiencia con pacientes, y más teniendo en cuenta que a causa de los malos hábitos de vida que llevamos uno de cada dos hombres y una de cada tres mujeres tendrán cáncer, te digo con seguridad que cuidarte día a día te va a ahorrar mucho tiempo y sufrimiento.

Cuando uno enferma pasan muchas cosas, una es que gran parte del día, si la enfermedad es grave, está dedicado a la enfermedad. La otra es que el tiempo que se supone que teníamos puede ser que dejemos de tenerlo. Piensa en esto, invierte adecuadamente tu tiempo hoy y te aseguro que eso te dará mucho más. No dejes que tu tiempo se agote por no tener tiempo para darle cuerda al reloj.

Tiritas para el alma: el cuidado de la salud mental y emocional

Carolina Bergoglio

Introducción

Si hay algo que caracteriza a la carrera de Medicina y a cada una de sus especialidades es la necesidad de formación continua. Los médicos somos conocidos como los «estudiantes eternos», nunca dejamos de estudiar, solo que, a lo largo de los años, esta necesidad va cambiando y variando de formato. Una vez que finalizamos en la facultad, continuamos estudiando en lo que se conoce como las residencias médicas, donde buscamos una especialización. Una vez finalizadas, continuamos con cursos de posgrado y asistencias a congresos en los que vamos perfeccionándonos, aprendiendo y adquiriendo nuevas formas de ejercer nuestra profesión y especialidad.

La psiquiatría no es ajena a esa modalidad, y los congresos son uno de nuestros principales espacios de formación continua. En el año 2015 decido asistir a uno de ellos, el cual tenía lugar en la ciudad de Mendoza, Argentina. Todos los años se realiza uno de los congresos de psiquiatría más importantes de Argentina en esa ciudad, al que asisten numerosos invitados nacionales e internacionales reconocidos. En esa oportunidad tengo la alegría de reencontrarme con un colega, el doctor Daniel Martínez Aldunate, importante referente de la psiquiatría chilena, especialista en adicciones y con quien había compartido durante muchos años diversos proyectos científicos y académicos vinculados a este tema, las adicciones, el cual ambos habíamos elegido como nuestra área de especialización psiquiátrica. Aprovecho para aclarar que durante los primeros quince años de mi carrera como psiquiatra me dedique a trabajar solo con pacientes con problemáticas de adicciones.

Hacía ya varios años que no había vuelto a tener noticias de él y, para mi sorpresa, en dicho congreso, había sido invitado a participar como disertante internacional, pero con una temática completamente diferente y novedosa para mí y para la psiquiatría en general, iba a disertar, en un congreso de psiquiatría, sobre bienestar y felicidad. Posiblemente no logren imaginarse ni dimensionar lo que significa introducir este tema en el mundo de la psiquiatría, mundo en el que solo se está acostumbrado a escuchar sobre el padecimiento y sufrimiento humano.

Esto produjo en mí una tremenda curiosidad, ¿cómo es que había ocurrido en mi amigo-colega semejante cambio de dirección de su práctica profesional siendo alguien tan reconocido en su especialidad? ¿Y qué era este nuevo tema de la salud mental que tenía que ver con el bienestar y la felicidad?

Después de una charla de tres horas con mi entrañable amigo en una de las cenas de dicho congreso, entro en conocimiento de que existía, desde hacía relativamente pocos años, una nueva rama de la psicología, llamada psicología positiva, cuyo objeto de estudio era el bienestar y la felicidad humana.

De más está decirles mi fascinación con este nuevo mundo de la salud mental que se abría ante mis ojos y la necesidad casi inmediata de conocer, aprender y, por qué no, dedicarme también, como mi amigo, a trabajar sobre ese tema que me parecía tan apasionante. El hecho de que el represente para mí un profesional respetado y reconocido, alguien a quien imitar, hizo que me decidiera esa misma noche buscar involucrarme y ser parte de ese nuevo mundo del bienestar.

Así fue como rápidamente le propuse, al finalizar dicha cena, replicar su modelo de trabajo sobre bienestar y felicidad en Argentina, pidiéndole autorización para fundar la sede argentina del Instituto del Bienestar e inscribiéndome en la primera Diplomatura de Felicidad Organizacional presencial, que lanzaba la Universidad Adolfo Ibáñez de Chile. ¿Les había dicho que los médicos éramos «estudiantes eternos»?

Continuando con mi proceso de formación y capacitación, pero ya más enfocada en este nuevo y fascinante tema, vuelvo una vez más a la ciudad de los congresos, Mendoza, pero en esta oportunidad no a uno de psiquiatría, sino al famoso CLAFO (Congreso Latinoamericano de Felicidad Organizacional) de la mano de otro gran amigo y referente del Bienestar Organizacional, fundador de Big Bienestar, Juan Marque. En este evento iba a poder conocer muchos profesionales reconocidos de habla hispana sobre este tema.

Entre todas las personas que ese día asistieron al evento, que fueron alrededor de cuatrocientas, estaba mi amiga Silvia Escribano, invitada como disertante internacional, con su cabellera roja, imposible de pasar desapercibida, con una energía desbordante y una alegría y simpatía contagiosa tanto arriba como abajo del escenario. Allí la conocí por primera vez, junto a otros invitados que hicieron de ese día, un día inolvidable de aprendizaje y enorme motivación.

Fue icónico, porque a partir de ahí nos constituimos y consolidamos en un grupo de personas de diferentes países y profesiones que decidimos dedicarnos a trabajar sobre el bienestar humano, cada uno desde su lugar y en diferentes ámbitos de acción, pero teniendo un fin común: llevar el bienestar personal y colectivo a todas las personas y lugares posibles. Así fue como a lo largo de todos estos años hemos ido compartiendo y coincidiendo muchos de nosotros en diferentes eventos a los que somos convocados para desarrollar esta temática que nos une y tantos nos apasiona.

Vale la pena aclarar que, hoy en día, mi mayor tiempo profesional sigo dedicándoselo a la parte clínica y de atención a pacientes con adicciones en mi consultorio y en un centro médico de internación llamado Sanatorio Diquecito, donde soy jefa del servicio de salud mental, y de todos los programas que están a cargo de ese servicio. He podido lograr incorporar a mi forma de trabajo muchos de los conceptos y modelos aprendidos de la psicología positiva, con el fin de poder brindar nuevas y mejores herramientas a mis pacientes para alcanzar sus metas, recuperación y bienestar.

EL ALMA TAMBIÉN DUELE: POR QUÉ ES IMPORTANTE LA SALUD MENTAL Y EMOCIONAL

Conocí a Victoria un día de diciembre de 2020, estaba terminando el año en el que se había declarado la pandemia de COVID-19, pero estábamos atravesando un periodo de reagudización de casos. Era un día muy caluroso de verano y lo recuerdo así porque cada paciente que llegaba a mi consultorio entraba con claros signos físicos de sofocación, calor y agobio, quejándose del calor que viviríamos y lo terrible que era el pronóstico de esa jornada. Cuando llego el turno de Victoria me asomo a la puerta para llamarla y veo que se levanta de la sala de espera una mujer de unos sesenta años, perfectamente vestida, arreglada, hermosamente pintada y con un aroma de un perfume muy dulce.

Se sienta frente a mí y tras una breve presentación formal, y sin mediar muchas más palabras, me dice: «Doctora, vengo a que me diga si me estoy volviendo loca», mostrándose en ese momento muy angustiada. Fue grande mi sorpresa ya que a simple vista no había ninguna señal que me hiciera pensar en un trastorno de esa naturaleza.

Victoria era una empresaria, con una intensa vida laboral en una empresa familiar, vivía sola, ya que estaba separada desde hacía varios años, y tenía tres hijos que habían formado su propia familia. Su vida transcurría entre el trabajo, su casa y algo de vida familiar, con muy poco tiempo y espacio dedicado a ella misma y con escasa vida social.

Victoria llevaba seis meses con síntomas compatibles con un trastorno de ansiedad (justo cuando se comienza a salir del aislamiento obligatorio por la pandemia) y llegó a presentar, como pico máximo de este trastorno, dos episodios de ataques de pánico, en los que refiere haber llegado a pensar que se moría. Esto la lleva a recurrir, en esas dos ocasiones, a un servicio de emergencia para ser atendida desde donde constataron que no tenía ninguna patología medica que justificara dicha sintomatología y le recomendaron concurrir a un servicio de salud mental.

Una de sus preguntas ese día que acudió a mi consulta fue: «¿Cómo es posible que siendo yo una mujer tan sana me pase esto? Nunca me imaginé llegaría al punto de pensar que estaba volviéndome loca». Y lo cierto es que pensar en que existe la posibilidad real y concreta de tener afectada nuestra salud mental, y que esta impacte en nuestro organismo de una manera impensada, asusta y a veces mucho, al punto de hacernos la misma pregunta que se hizo Victoria: ¿Me estaré volviendo loco?

La salud mental siempre ha sido un tema importante a lo largo de la historia, pero en este siglo en el que vivimos lo es más que nunca para gran parte de la humanidad. Este fenómeno tiene que ver con dos grandes sucesos. En primer lugar, la entrada al siglo XXI trajo consigo un cambio de paradigma en relación con la forma en que las personas considerábamos «qué era lo importante» para nuestras vidas y nuestro bienestar. En el siglo XX, el foco estuvo puesto en poder agregarle más años a la vida y lo cierto es que el resultado fue muy bueno, ya que a principio del siglo XX la expectativa de vida era de cuarenta y cinco años y al finalizar el siglo se logró extenderla a setenta y cinco, treinta años más de vida, ¡eso ya era un montón!

Este significativo aumento se debió a una combinación de factores, incluyendo avances en la medicina, mejoras en la atención sanitaria, avances en la tecnología, mejores condiciones de vida y cambios en el estilo de vida. Al haberse alcanzado en este siglo ese objetivo, en muchas partes del mundo se puso mayor atención en poder mejorar la calidad de vida a esos años adicionales.

En segundo lugar, en ese escenario de cambio de paradigma que nos encontrábamos al entrar al siglo XXI nos tuvimos que enfrentar, inesperadamente, el mundo entero sin excepción, a una pandemia, que tuvo un impacto enorme en nuestra vida y en nuestros hábitos y puso en jaque nuestra vida personal (física y psicológica), familiar, social, laboral y económica.

Pero la pandemia de COVID-19 tuvo un impacto muy significativo en la salud mental. De hecho, se declaró en 2023 que estábamos haciendo frente a una pandemia de salud mental y adicciones a nivel mundial. A partir de este suceso, aprendimos algunas lecciones sobre la importancia de atender y preocuparnos por la salud mental:

- La vulnerabilidad generalizada: la salud mental puede ser afectada en diferentes grados en cualquier persona, independientemente de su situación o historial previo. La incertidumbre, el aislamiento social, la pérdida de empleo y la preocupación por la salud propia y de los seres queridos aumentó la vulnerabilidad mental en muchas personas.

- El impacto del aislamiento social: el distanciamiento social y el confinamiento que implicó la pandemia tuvieron un impacto significativo en la salud mental, especialmente la soledad y el aislamiento social, lo que ha puesto en evidencia la importancia y necesidad de mantener conexiones y relaciones sociales para nuestro bienestar emocional.
- La adaptabilidad y resiliencia: puso en evidencia la capacidad humana para adaptarse y mostrar resiliencia frente a situaciones adversas. Las personas encontraron formas creativas de mantenerse conectadas, buscar ayuda y encontrar actividades significativas incluso en tiempos difíciles.
- La importancia del autocuidado: resalto la importancia del autocuidado y la autorregulación emocional. Practicar actividades que promuevan la relajación, la meditación, el ejercicio y la alimentación saludable se convirtieron en una necesidad para mantener la estabilidad emocional y mental.

Con todos estos cambios ocurridos en estos primeros veintitrés años de este nuevo siglo, podemos decir entonces que, a medida que envejecemos, se ha vuelto crucial centrarnos en garantizar que los años adicionales de vida logrados sean saludables y satisfactorios. Hemos ido adquiriendo, como sociedad, una comprensión más completa de la salud, que va más allá de la mera ausencia de enfermedades. Ahora valoramos y buscamos una salud holística, que incluya aspectos físicos, mentales, emocionales y sociales del bienestar. Así, la búsqueda de una mejor calidad de vida se ha convertido en una prioridad.

Volviendo a la historia de Victoria, y una vez aclarado con ella que no estaba volviéndose loca, su preocupación siguiente fue si podría volver a llevar una vida «normal». Estos episodios habían generado en ella mucho temor y angustia por la magnitud de los síntomas y la posibilidad de que pudieran volver a repetirse la atormentaba y más aún que le sucedieran fuera de su hogar. Por esta razón en las últimas semanas había decidido quedarse en su casa y no ir a trabajar, con todo lo que eso significaba para ella.

Su temores y preocupaciones eran absolutamente genuinos porque la salud mental está relacionada con todos los aspectos de la vida de una persona, incluyendo su bienestar físico, emocional, social y cognitivo y en el caso particular de mi paciente los episodios que había tenido la habían «obligado» a tener que dejar de lado su rutina de toda la vida.

La OMS define la salud mental como: «Un estado de bienestar mental que permite a las personas hacer frente a los momentos de estrés de la vida, desarrollar todas sus habilidades, poder aprender y trabajar adecuadamente y contribuir a la mejora de su comunidad. Es parte del bienestar que sustenta las capacidades individuales y colectivas de las personas para tomar decisiones, establecer relaciones y dar forma al mundo».

Algunas de las «buenas razones» por las que debemos cuidar nuestra salud mental:

- Bienestar emocional y psicológico: la salud mental positiva implica tener un estado emocional y psicológico equilibrado, lo que nos permite experimentar emociones positivas, gestionar el estrés, enfrentar desafíos y adaptarse a los cambios en la vida.
- Funcionamiento óptimo: una buena salud mental contribuye a un funcionamiento óptimo en la vida diaria, incluyendo la capacidad de realizar tareas, mantener relaciones saludables, trabajar de manera efectiva y alcanzar metas personales y profesionales.
- Relaciones interpersonales: la salud mental influye en

la forma en que interactuamos con otros y en nuestras relaciones interpersonales. Además, permite establecer y mantener relaciones saludables, comunicarnos de manera efectiva y comprender las necesidades y emociones de los demás.

- Rendimiento académico y laboral: la salud mental influye en el rendimiento académico y laboral y puede ayudarnos a mejorar la concentración, la productividad, la toma de decisiones y la creatividad, lo que contribuye al éxito en la educación y el trabajo.
- Bienestar físico: existe una relación bidireccional entre la salud mental y la salud física. Una buena salud mental nos puede ayudar a adoptar hábitos de vida saludables, como hacer ejercicio, tener una dieta equilibrada y evitar conductas perjudiciales, lo que a su vez beneficia la salud física.
- Resiliencia y manejo del estrés: la salud mental sólida brinda la capacidad de enfrentar y superar desafíos y situaciones estresantes de manera efectiva, fomentando la resiliencia y la habilidad para recuperarse de adversidades.
- Disminución de la incidencia de enfermedades mentales: la promoción de la salud mental ayuda a prevenir o reducir el desarrollo de trastornos mentales.
- Calidad de vida: una buena salud mental contribuye a una mayor satisfacción y calidad de vida en general. Las personas que tienen una buena salud mental suelen experimentar una vida más plena y significativa.
- Habilidades de afrontamiento: una buena salud mental facilita el desarrollo de habilidades de afrontamiento eficaces para lidiar con desafíos, traumas y situaciones difíciles, permitiendo una recuperación más rápida y efectiva.
- Empoderamiento y autenticidad: la salud mental sólida nos permite ser auténticos y vivir de acuerdo con

nuestros valores y deseos. Nos ayuda, también, a hacernos con el control de nuestras vidas y a tomar decisiones que sean coherentes con nuestros objetivos y aspiraciones personales.

En la segunda entrevista con Victoria, una vez recuperada de sus temores iniciales y ya estabilizada emocionalmente, me interpela con otro interrogante que le había quitado el sueño los últimos días: «¿Cómo le digo esto a mi familia y en mi trabajo? ¿Qué digo sobre lo que me pasa? Todavía no le dije nada a mis hijos de que estoy viendo a una psiquiatra y me preguntaron por qué estaba yendo tanto al médico, ya que les mentí diciéndoles que iba al médico las veces que he venido a verla a usted. Soy la vicepresidenta de una empresa y no puede trascender que estoy en tratamiento psiquiátrico. ¿Se imagina lo que eso significaría? Seguramente usted ya sabe lo que piensan la mayoría de las personas respecto a las enfermedades psiquiátricas y a estar en tratamiento».

Traté de reconfortarla, conversamos sobre sus propias creencias al respecto, ya que muchas veces son prejuicios propios más que ajenos, y planificamos una estrategia para poder blanquear esta situación. También le ofrecí tener una reunión con sus hijos para conversar sobre su situación, si es que eso la tranquilizaba. Esta situación con mi paciente me hizo recordar una vez más que la salud mental es un tema muy complejo y a menudo está rodeado de mitos y creencias erróneas que no permiten su correcta comprensión y dimensión. Además, contribuyen al estigma y la discriminación y, peor aún, a la frecuente negación de su existencia, lo que conlleva que no se busque ayuda a tiempo y esto puede provocar el agravamiento de la situación. Por eso quiero repasar algunos de los mitos y creencias más comunes para poder reconocerlos y modificarlos:

- Las enfermedades mentales son signos de debilidad o falta de carácter: este mito perpetúa la idea de que las personas que sufren enfermedades mentales simplemente necesitan esforzarse más para superar sus problemas. En realidad, son condiciones médicas complejas que involucran factores biológicos, psicológicos y sociales.
- La salud mental no es tan importante como la salud física: la salud mental es igual de importante que la salud física. Ambas están interconectadas y afectan a la calidad de vida de una persona. Ignorar la salud mental puede tener graves consecuencias para el bienestar general.
- Las personas con enfermedades mentales no pueden recuperarse o mejorar: con el tratamiento y el apoyo adecuados, muchas personas pueden recuperarse o gestionar sus enfermedades mentales de manera efectiva. La recuperación es un proceso posible y real.
- La depresión y la ansiedad son solo señales de debilidad o tristeza temporal: la depresión y la ansiedad son trastornos de salud mental reales que pueden afectar profundamente la vida de una persona. No son simplemente estados de ánimo pasajeros o signos de debilidad emocional.
- Las personas con trastornos mentales no pueden llevar una vida normal o tener éxito: muchas personas con enfermedades mentales llevan vidas plenas y exitosas. Con el apoyo adecuado y un tratamiento efectivo, pueden sobreponerse de sus trastornos y lograr sus metas personales y profesionales.
- Hablar sobre problemas de salud mental empeora la situación: hablar abiertamente sobre los problemas de salud mental y buscar ayuda son pasos esenciales hacia la recuperación. El estigma y la vergüenza pueden obstaculizar la búsqueda del tratamiento y apoyo adecuados.

Es muy llamativo cómo, después de la pandemia, las consultas por determinadas patologías psiquiátricas aumentaron de manera exponencial. Esto se debe a que, generalmente, cuando comenzamos a perder nuestra salud mental no somos plenamente conscientes hasta que se producen cuadros con síntomas llamativos y extremos, como le sucedió a Victoria.

- Según la OMS, se estima que aproximadamente el 10 % de la población mundial está afectada por trastornos mentales en un momento dado.
- Los trastornos de ansiedad y la depresión son algunos de los trastornos mentales más comunes a nivel global.
- Según la OMS, se estima que más de 264 millones de personas en todo el mundo sufren de depresión.
- La depresión es la principal causa de discapacidad en todo el mundo y contribuye significativamente a la carga global de enfermedad.
- Aproximadamente 800 000 personas mueren por suicidio cada año, lo que representa una tasa de suicidios de aproximadamente 10,5 por cada 100 000 personas.
- El suicidio es la segunda causa principal de muerte en personas de quince a veintinueve años a nivel mundial.
- Los trastornos de ansiedad afectan a aproximadamente 275 millones de personas en todo el mundo.
- Los trastornos de ansiedad son los problemas mentales más comunes a nivel mundial.
- Se estima que más de 35 millones de personas en todo el mundo sufren trastornos relacionados con el consumo de sustancias.
- El abuso de sustancias representa una carga significativa para la salud y la sociedad.
- La mayoría de los trastornos mentales en adultos tienen su inicio durante la adolescencia.

- Aproximadamente el 75-80 % de las personas con trastornos mentales en todo el mundo no recibe tratamiento.

¿Alguna duda de por qué la salud mental es importante y significativa? No hay salud sin salud mental.

SENTIMIENTOS BAJO EL MICROSCOPIO: BASES CIENTÍFICAS DE LA SALUD MENTAL Y EMOCIONAL

Cuando hablamos de salud mental automáticamente pensamos y entendemos que hay solo un órgano de nuestro cuerpo que la representa en su totalidad y ese es el cerebro. Sin embargo, en las últimas décadas, y a medida que la ciencia y la medicina han avanzado en la comprensión de la complejidad del cuerpo humano y su funcionamiento, se han realizado múltiples investigaciones sobre el sistema nervioso y sus conexiones y de cómo estos sistemas interactúan. De estas investigaciones se ha concluido que existe una «mente» que se encuentra interconectada con el sistema nervioso, el sistema cardiovascular y el aparato digestivo, incluyendo su microbioma, y se lo que ha permitido establecer una comprensión más holística de la salud y el bienestar. Estos avances sentaron las bases para una mejor compresión de lo que en medicina se denominan enfermedades psicosomáticas.

Eugenia, una paciente de cincuenta años, nutricionista, que acude a mi consulta por conflictos en el ámbito laboral, relata que, en los últimos años, cada vez que debía enfrentarse a situaciones de estrés laboral o de otro origen su cuerpo respondía de una manera muy particular: presentaba episodios agudos de herpes en diferentes zonas del cuerpo. Los herpes son lesiones en la piel que se caracterizan por la presencia de ampollas, con frecuencia muy pruriginosas y dolorosas, ya que se asientan sobre terminaciones nerviosas de la piel.

«Me brota por todas partes, doctora, literalmente», me decía en una de las sesiones. «Yo ya sé que los cuadros de herpes están relacionados con el estrés, pero no encuentro forma de manejarlo para que no me pase esto». Trabajamos durante varios meses sobre sus emociones y el significado de «brotar» en cada episodio de estrés que tiene que afrontar, así como sobre su patrón típico de reacción emocional frente a determinadas situaciones y los pensamientos que suelen acompañar a dichos eventos. Utilicé algunos conceptos de la psiconeuroinmunoendocrinología para ilustrar de manera accesible esta interconexión de nuestra mente y darle así algunas herramientas cognitivas para lograr un mejor manejo de sus respuestas emocionales.

Estos son algunos de los conceptos que compartí con mi paciente:

- El sistema nervioso desempeña un papel fundamental en la función cognitiva y emocional. El cerebro, como parte del sistema nervioso central, es el centro de control de todas las funciones del cuerpo, incluyendo la percepción, el pensamiento, la memoria y las emociones. Las señales nerviosas también pueden influir en la función de otros sistemas del cuerpo, como el sistema cardiovascular y el digestivo. El estrés, por ejemplo, puede desencadenar respuestas fisiológicas en el sistema cardiovascular y el digestivo a través del sistema nervioso.
- El sistema digestivo es responsable de descomponer los alimentos y absorber los nutrientes esenciales para el cuerpo. Además, está fuertemente interconectado con el sistema inmunológico y el sistema nervioso entérico, un sistema nervioso independiente que controla las funciones del tracto gastrointestinal. La salud del sistema digestivo puede influir en el bienestar mental y emocional, ya que existe una conexión intestino-cerebro que muestra

cómo el estado del intestino puede afectar el estado de ánimo y la cognición.

- El sistema cardiovascular, que incluye el corazón y los vasos sanguíneos, es responsable de bombear sangre rica en oxígeno y nutrientes a todas las partes del cuerpo, incluido el cerebro. El flujo sanguíneo adecuado es esencial para mantener la función cerebral óptima. Problemas cardiovasculares, como la hipertensión, pueden afectar negativamente a la función cerebral y emocional.

En resumen, la mente, el sistema nervioso, el sistema cardiovascular, el aparato digestivo y su microbioma están interconectados y se influyen mutuamente. El estrés, la alimentación, el ejercicio y otros factores pueden tener un impacto en esta interconexión, por lo que es esencial cuidar de todos estos aspectos para mantener un bienestar óptimo.

Después de conversar sobre estos conceptos con Eugenia, quien al ser nutricionista los entendía y reconocía perfectamente, me confesó que ya hace muchos años que viene lidiando con sus emociones, siendo estas muy inestables y cambiantes. Quedaba clara su dificultad para convivir con ellas ya que en algunos momentos interfería de manera importante con su calidad de vida al impactar de esa forma en su cuerpo.

El resultado de lo que somos y hacemos en búsqueda de una buena, saludable y equilibrada vida, como también la posibilidad de alcanzar dicho resultado, requiere básicamente un correcto funcionamiento de nuestro cerebro. Nuestros pensamientos y emociones, que determinan nuestras acciones y forma de conducirnos ante la vida y sus acontecimientos, tienen un sustrato biológico determinado. Por ejemplo, ¿sabías que las emociones que experimentamos derivan de una interacción entre varios circuitos cerebrales y sustancias químicas del cerebro? Algunos de ellos quizá los conozcas: la oxitocina, la hormona del amor; la dopamina, la hormona del placer y la serotonina, la hormona de la felicidad. Estos neurotransmisores como la serotonina, la dopamina, la noradrenalina y el glutamato desempeñan un papel clave en la modulación de nuestras emociones y estado de ánimo. También existen hormonas como el cortisol, la oxitocina y la hormona del crecimiento, que influyen en nuestras respuestas emocionales.

«Tengo todo para ser feliz y no lo soy. Tengo salud, trabajo, familia, hogar y no soy feliz. Me cuesta disfrutar y muchas veces hago las cosas para no hacer sentir mal a mis seres queridos. Si fuera por mí, preferirá dormir todo el día, pero cuando me voy a la cama a la noche no consigo conciliar el sueño. Nada me entusiasma y me cuesta mucho tener iniciativa para hacer algo», me dijo Juan Carlos en su primera consulta. Juan Carlos es un hombre de cuarenta y ocho años que trabaja como gerente de una sucursal bancaria, desde hace cinco años. Está casado con Inés con quien tiene dos hijos varones. Refiere tener tres hermanos menores y su madre viuda, ya que su padre falleció hace diez años en un accidente automovilístico. Reconoce no tener buena relación con su familia política a la que define como «controladora, demandante y conflictiva», lo cual le ha generado problemas con su esposa en varias ocasiones. Tiene un grupo de amistades con quienes comparte momentos y algunos programas.

Juan Carlos es una persona sana, que lleva una vida saludable, no consume drogas ni alcohol e intenta realizar actividad deportiva de manera regular, a veces lo logra otras veces no. Cuando conversamos sobre sus antecedentes familiares, refiere que su madre ha sido diagnosticada con depresión desde que falleció su padre, y que debió ser internada en una clínica psiquiátrica en dos ocasiones en los últimos años ya que el cuadro se agravó. Su preocupación es pensar en la posibilidad de tener una depresión al igual que su madre: «¿Usted cree, doctora, que yo también puedo tener una depresión?».

También refiere que al ser el mayor de cuatro hermanos la responsabilidad del cuidado de su madre recae mayormente sobre él, instancia que lo tiene muy agotado y agobiado. En los últimos años, y tras muchas investigaciones, se reconoce y acepta la existencia de un mecanismo de funcionamiento cerebral conocido como «plasticidad cerebral» o «neuro-plasticidad», que se refiere a la capacidad del cerebro para cambiar su estructura y función en respuesta a experiencias, lesiones o cambios ambientales. Las experiencias tempranas, especialmente en la infancia, también pueden influir en la organización y función del sistema límbico y la forma en que se procesan y regulan las emociones a lo largo de la vida.

Este mecanismo permitiría que el cerebro se adapte y aprenda de experiencias emocionales, modificando algunas conexiones y patrones de activación neuronal (aprendizaje emocional). Se descubrió que, incluso, en la edad adulta, el cerebro puede experimentar cambios en sus estructuras y funciones significativos en respuesta al aprendizaje, la reha-bilitación o el entrenamiento. De este descubrimiento deriva la frase tan escuchada y repetida en estos últimos años por las neurociencias de que «el cerebro es como un músculo que también se puede ejercitar y entrenar».

Respecto a todo esto me pregunté sobre mi paciente Juan Carlos: ¿Estará funcionando bien su química cerebral? ¿Ten-drá algún déficit de algún neurotransmisor? Él tiene antece-dentes familiares directos para que así sea. Por otro lado, y pensando en lo de las experiencias de vida y entorno que lo rodea, reconoce que los últimos años han sucedido numero-sas situaciones que condicionan negativamente su estado de ánimo, ¿podrían estar influenciando en algo estas experien-cias en determinar su cuadro actual?

Por todos estos interrogantes decidí valorarlo más en profundidad y pedirle una serie de estudios. Después de estos, llegué al diagnóstico de una depresión reactiva, a lo que le indiqué como tratamiento psicoterapia individual para poder trabajar estrategias de afrontamiento y lograr modificar algunos aspectos negativos de su entorno y solo le di mediación para corregir el insomnio. Se trabajó en psicoterapia individual poniendo el foco en la modificación del entorno, su círculo social y en incrementar el involucramiento con personas y actividades que potencien positivamente su estado de ánimo.

Todo esto nos dice y enseña que podemos hacer cosas a favor de sentirnos bien, entrenarnos para sentirnos mejor, podemos modificar nuestro entorno y experiencias para que estos generen cambios en nuestro cerebro y así poder experimentar más estados de bienestar, sostenidos y duraderos y, por lo tanto, mejorar y fortalecer nuestra salud mental.

Las emociones representan respuestas neuronales importantísimas que van a facilitar y mediar en un sin número de conductas y comportamientos, que incluso a veces son claves para nuestra supervivencia. En relación con el bienestar, las emociones que adquieren mayor interés y relevancia son las emociones positivas, ya que estas son el sello distintivo de la felicidad.

Acá voy a detenerme y hacer una aclaración importante, ya que siempre se presta a un error de conceptualización. No es lo mismo placer que felicidad y neurobiológicamente están involucrados circuitos cerebrales diferentes y específicos para cada uno.

La neurobiología del placer y la felicidad están relacionadas, pero no son lo mismo. Ambos están vinculados a funciones cerebrales y experiencias emocionales, pero utilizan diferentes circuitos cerebrales:

- Los circuitos del placer en el cerebro están asociados principalmente con la percepción y la búsqueda de gratificación o recompensa.
- Estos incluyen áreas como el sistema de dopamina y otras regiones cerebrales relacionadas con la respuesta al placer y las experiencias gratificantes.
- La dopamina es el principal neurotransmisor en este circuito y se asocia comúnmente con la sensación de recompensa y placer, siendo un componente clave de la respuesta al disfrute de actividades placenteras, como comer alimentos sabrosos, tener relaciones sexuales o recibir recompensas.
- La felicidad es un constructo complejo y multifacético que va más allá de la simple sensación de placer.
- La felicidad involucra un estado más amplio, complejo y duradero de bienestar, satisfacción con la vida en su conjunto, que puede estar influenciado por múltiples factores, como relaciones interpersonales, sentido de propósito, logros personales y conexiones sociales significativas y se caracteriza por la presencia de varias emociones positivas.
- Múltiples regiones cerebrales están implicadas en la experiencia de la felicidad y el principal neurotransmisor involucrado es la serotonina.

Los circuitos del placer están más centrados en la percepción y la búsqueda de gratificación y recompensa, mientras que la felicidad es un estado emocional y cognitivo más amplio y duradero que involucra una sensación general de bienestar y satisfacción con la vida. Sin embargo, la activación de los circuitos del placer puede contribuir a la experiencia de felicidad al generar sentimientos de recompensa y gratificación que pueden influir en nuestro bienestar emocional y, por ende, en nuestra percepción de felicidad.

Por último, y para cerrar este capítulo más «científico», quiero hablar sobre otro elemento importante y determinante de nuestro bienestar que son las neuronas espejo. Suena raro el nombre, pero es así, y quizá por más raro que suene podríamos imaginarnos su función solo por el nombre que tienen ¿no? Las neuronas espejo reciben ese nombre ya que reflejan el comportamiento de otros y nos permiten así aprender de los demás.

Son importantes para nuestro bienestar por varias razones, pero principalmente porque están relacionadas con la empatía, la comprensión social y la capacidad de conectarse con otras personas. Capacidades muy importantes para una buena convivencia social. Nos permiten entender y simpatizar con las emociones, intenciones y acciones de otras personas. Al ponernos en su lugar y experimentar en cierta medida lo mismo, podemos generar empatía y comprensión, lo que fortalece las relaciones interpersonales y contribuye a un sentido de conexión y bienestar social. Esta conexión es crucial para nuestro bienestar psicológico y emocional, ya que nos brinda un sentido de identidad, apoyo y pertenencia a una comunidad.

Están relacionadas con la comprensión de gestos, expresiones faciales y otros aspectos de la comunicación no verbal. A través de ellas podemos explicar el fenómeno del «contagio de las emociones» que sucede cuando estamos rodeado de persona alegres y divertidas nos contagiamos de esas emociones y lo mismo sucede si las personas que nos rodean están malhumoradas o amargadas. Aquí quizá adquiere sentido la indicación terapéutica a Juan Carlos en una de nuestras sesiones, que busque rodearse de personas positivas.

Las neuronas espejo desempeñan un papel fundamental en nuestra habilidad para comprender y relacionarnos con los demás, lo que contribuye directamente a nuestra felicidad, satisfacción y bienestar en la vida diaria. «Las emociones son la fuerza que nos impulsa a actuar y a conectarnos con el mundo que nos rodea».

UNA HERRAMIENTA MARAVILLOSA LLAMADA PSICOLOGÍA POSITIVA

Si hay algo fantástico que ocurrió para la salud mental, a mi criterio, ha sido el nacimiento de la nueva rama de la psicología llamada psicología positiva. Esta comenzó a emerger de manera formal a finales de la década de 1990 y principios del 2000. Aunque sus raíces y antecedentes se pueden rastrear muchos años antes en la filosofía, la psicología humanista y otras diciplinas que se han preocupado y estudiado sobre el bienestar humano Particularmente, la psicología positiva como un movimiento y enfoque específico se consolidó a fines del siglo XX, principios del XXI.

El padre de la psicología positiva fue el psicólogo Martin Seligman, quien en su discurso inaugural como presidente de la Asociación Americana de Psicología (APA) en 1998, planteó la necesidad de un cambio de enfoque en la psicología. Seligman abogó por un cambio de la psicología tradicional centrada en la enfermedad y los problemas a una que lo hiciera en las fortalezas y virtudes humanas, y en cómo las personas pueden prosperar y llevar vidas significativas y gratificantes. Un enfoque centrado en los aspectos positivos de las personas.

La publicación de su libro *La auténtica felicidad* en el año 2002 marcó un hito importante para la psicología positiva, donde presentó ideas claves y conceptos que se constituyeron como la base conceptual de este campo. Otros psicólogos destacados que han contribuido al desarrollo de la psicología positiva son Mihaly Csikszentmihalyi, Barbara Fredrickson, Sonja Lyubomirsky y Edward Diener entre otros.

Desde su concepción, la psicología positiva ha crecido y evolucionado, dando lugar a investigaciones y aplicaciones en diversas áreas, incluyendo educación, salud, organizaciones, terapia y bienestar personal. Ahora, más allá del beneficio colectivo de su aparición, en al ámbito personal, el haber conocido y podido formarme en psicología positiva resulto ser uno de los acontecimientos más apasionantes que me sucedió en los últimos años de formación y actualización profesional.

Como cuento al principio de este capítulo, realicé mi formación en psicología positiva en Chile en la Universidad Adolfo Ibáñez y recuerdo con mucha frescura y claridad la primera clase que tuvimos en la que nos invitaron, a pesar de que la diplomatura que cursábamos era dirigida al trabajo en organizaciones, a que todos estos nuevos conocimientos los tratáramos de aplicar a nuestra vida personal antes de llevarlos a una organización. A medida que trascurrían las clases e íbamos aprendiendo un poco más, conociendo más en profundidad los conceptos y fundamentos, mi visión personal del bienestar fue cambiando de manera radical y definitiva e instalándose dentro mío la sensación de ¡eureka! ¡Acá esta! ¡Esto es! Es lo que me faltaba saber y comprender sobre el bienestar y la felicidad.

Esta formación cambió de forma definitiva mi manera de trabajar en psicoterapia los objetivos de cada paciente, además de haber podido comprobar que esta nueva manera de abordaje psicoterapéutico no solo me apasionaba a mi sino también a mis pacientes. A tal punto fue el cambio que, a medida que transcurrían los meses y los años, empezaba a tener pedidos de sesiones o entrevistas en las que el objetivo de la búsqueda de la terapia que planteaban los pacientes no tenía que ver tanto con un estado de sufrimiento emocional sino más bien con aprender habilidades sobre cómo potenciar su bienestar. Recuerdo muy bien el caso específico de Karina, quien me escribe solicitándome una consulta y en el mensaje me aclaraba que quería que le «enseñara a cómo poder ser más feliz».

Cada sesión de psicoterapia en la que introduzco algún elemento de la psicología positiva produce sorpresa y fascinación en los pacientes. Vale la pena aclarar que no trabajo desde esa perceptiva de manera sistematizada, ya que cada paciente es un mundo único y requiere un abordaje específico y acorde a la situación puntual del momento.

¿Pero qué es la psicología positiva? Es una rama de la psicología que estudia científicamente el funcionamiento óptimo de las personas, grupos e instituciones buscando dar respuesta a los siguientes interrogantes:

- ¿Cómo pueden las personas llevar vidas más plenas, significativas y felices?
- ¿Qué hace que la vida valga la pena ser vivida?
- ¿Qué aspectos de la condición humana conducen a la felicidad, la plenitud y nos hacen prosperar?
- También es importante aclarar qué no es la psicología positiva:
- Un movimiento filosófico ni espiritual.
- Una corriente de autoayuda ni un método mágico para alcanzar la felicidad.
- No es *coaching*.
- No debe ser confundida en ningún caso con una corriente dogmática que pretende atraer adeptos ni seguidores ni debe ser entendida fuera de un riguroso contexto profesional.

El mayor aprendizaje que nos trae la psicología positiva viene de la mano de las múltiples teorías del bienestar que comienzan a surgir a partir de su creación, las cuales nos facilitaron diversas y numerosas formas, miradas y herramientas para comprender de qué manera el ser humano construye su propio bienestar. Para eso la psicología positiva hizo hincapié en una serie de temas de estudio, que comparten la mayoría de estas teorías o modelos de bienestar: optimismo, resiliencia, sentido, logros, relaciones interpersonales positivas, emociones positivas, espiritualidad, experiencias óptimas o *flow*, humor, risa, involucramiento y creatividad.

Martin Seligman, además de ser uno de los padres de la psicología positiva, ha sido uno de los creadores de varios modelos de bienestar. Estos son los más conocidos y aplicados:

- Modelo PERMA: se centra en cinco elementos clave que contribuyen al bienestar y la satisfacción en la vida: positividad, compromiso, relaciones, significado y logro, llamado PERMA, por sus siglas en inglés.
- Teoría de la felicidad auténtica: en este modelo propone que la verdadera felicidad proviene de llevar una vida significativa y comprometida, donde se utilizan los puntos fuertes personales para contribuir al bienestar propio y al de los demás.
- Teoría del florecimiento (*flourishing*): se enfoca en cómo las personas pueden prosperar y experimentar una vida plena y significativa mediante la maximización de las emociones positivas, la satisfacción con la vida, el compromiso con las actividades, las relaciones positivas, el logro y el sentido de propósito.
- Enfoque de fortalezas personales y virtudes: Seligman y Christopher Peterson propusieron una clasificación de veinticuatro fortalezas humanas universales, como la gratitud, la esperanza, la sabiduría y la valentía, entre otras. Fomentar y utilizar estas fortalezas personales se considera crucial para mejorar el bienestar y la calidad de vida.
- Teoría de la bondad o de la buena vida: ha desarrollado esta teoría en colaboración con otros investigadores. Se

centra en que las personas tienen diferentes ideas de lo que constituye una «vida buena» y cómo alcanzarla. Este enfoque incorpora la perspectiva de la ética y la moral en la búsqueda del bienestar.

Este último modelo, que me parece el más aplicable y fácilmente entendible, distingue tres tipos de vida que considera valiosas para el bienestar humano: la vida placentera, la vida comprometida y vida significativa para alcanzar lo que él llama «la vida buena». Sugiere que la vida buena implica equilibrar y cultivar estos tres componentes. Al integrar estos aspectos en nuestra vida, podemos alcanzar un bienestar más duradero y profundo.

- Vida placentera: estaría enfocada en experimentar emociones y sensaciones placenteras, maximizando los aspectos positivos de la vida y minimizando los negativos para aumentar la sensación de bienestar. Se centra en buscar el placer, la gratificación y la comodidad en la vida cotidiana.
- Vida comprometida: implicaría estar completamente absorbido y comprometido con actividades que aprovechen nuestras fortalezas y habilidades únicas. Se trata de vivir en un estado de flujo, donde estamos completamente inmersos y concentrados en lo que estamos haciendo, lo que nos brinda un profundo sentido de realización y satisfacción.
- Vida significativa: se centraría en utilizar nuestras fortalezas y virtudes para contribuir a algo más grande que nosotros mismos. Se trata de encontrar un propósito más allá del placer y el compromiso personal, involucrándonos en actividades que brinden un sentido de significado y contribución a la sociedad, a nuestras relaciones y al mundo en general.

Este modelo de la vida buena proporciona una estructura para comprender diferentes dimensiones de la experiencia humana y cómo podemos buscar un equilibrio entre el placer, el compromiso y el significado para llevar una vida satisfactoria y significativa.

Fue con Karina con quien pude dar mis primeros pasos en trabajar desde la psicoterapia este nuevo enfoque. Ella venía muy agobiada por su maternidad, que fue compleja desde sus inicios ya que debió someterse a varios tratamientos para quedar embarazada y de mellizos. Los primeros años fueron muy difíciles y esclavizantes, ya que los niños habían sido prematuros y ellos eran padres «grandes», por lo tanto, según refería Karina, no habían podido tener vida propia dado el cuidado intenso que le dedicaban a sus hijos.

Llega a la terapia cuando sus hijos tenían cuatro años. Y ella solo se dedicaba a ser «madre». «Quiero hacer algo para mí». «Me siento inútil, no hago nada más que cuidar mis hijos». «Yo siempre trabajé y hace cuatro años que no hago nada».

El plan de trabajo que nos trazamos en función de su pedido fue introducirla en los diferentes modelos de bienestar de Martin Seligman e ir trabajando de uno en uno. Comenzamos a trabajar sobre sus fortalezas siendo las más destacadas en ella las siguientes: creatividad, perseverancia, aprendizaje, curiosidad, constancia y belleza.

Partiendo de esta base y buscando sus temáticas de preferencia, llegamos a dar con el tema de la moda y comenzó a gestarse la idea de crear/desarrollar una tienda virtual de venta de ropa importada. Así fue como, al final de ese año, tenía su propia página de venta virtual de ropa importada de china, sus contactos con proveedores en el exterior (que ella había conseguido buscando y buscando incansablemente) y su primera compra para que luego llegaran las primeras ventas. Fue todo un logro personal para ella y un reconocimiento muy importante a su capacidad.

Una vez alcanzadas estas primeras metas pasamos a trabajar el modelo PERMA y los tres tipos de vida, lo cual también resultó en un avance muy grande, pero sobre todo en tener claridad respecto a «cómo» lograr sentirse mejor cada día.

«La vida te dará muchas opciones, no tienes que escoger la mejor sino aquella que te haga feliz».

LAS HERIDAS DEL ALMA NO SE CURAN CON MERCROMINA: EL CUIDADO DE LA SALUD MENTAL Y EMOCIONAL

Todos somos testigos de que, hoy en día, en la vida cotidiana experimentamos y vivimos continuamente momentos y situaciones difíciles, complejas y dolorosas que atentan contra nuestra salud mental y emocional: inseguridad, desesperanza, rápido cambio social, riesgos de violencia, problemas que afectan a la salud física, factores y experiencias personales, interacción social, valores culturales y experiencias familiares, escolares y laborales, entre otras, generándonos tensión, estrés, hostilidad, frustración, ansiedad, impotencia, enojo, tristeza, angustia, etc. Sumado a estas múltiples situaciones, que atentan contra nuestra salud mental, están nuestras propias formas mentales y sistemas de creencias con las que procesamos e interpretamos estos acontecimientos, dentro de las cuales algunas de estas formas como la rumiación, victimización, comparación no hacen más que agravar y profundizar más nuestro malestar y sufrimiento.

Uno de los desafíos más grandes que me tocó enfrentar en mi vida fue el de cuidar de mi propia salud mental y la de mi madre ¿por qué resultó en un desafío? Porque me tocó convivir desde temprana edad con una madre alcohólica. Desde mis catorce años empezaron a hacerse visibles las señales de un posible alcoholismo en ella, pero no fue hasta los veintitrés que tuve que enfrentarme a esa realidad duramente. Mi madre era médica, el consumo de alcohol y algunos problemas de pareja que tenía (aclaración: estaba separada de mi padre desde hacía varios años) habían generado problemas en su ámbito laboral, por lo que decide migrar de país buscando un lugar mejor donde vivir y quizá donde no beber, instancia que hoy podría asegurar que no daría resultado. Ella llevaba viviendo en Estados Unidos dos años, había decidido ese país ya que allá vivía su única hermana. Ese segundo año recibo una llamada de mi tía, avisándome de que mi madre estaba muy mal en relación con el consumo de alcohol y debían internarla de manera urgente. Decido viajar para allá con el fin de acompañar y colaborar con la situación junto con mi esposo y mi hijo de tres años. Ya a esa edad, veintidós años, yo estaba felizmente casada y con un hijo, cursando mi quinto año de la carrera de Medicina.

Fue una de las experiencias más tristes y angustiantes de mi vida: tener que llevar a mi madre a esa internación, viajando durante dos horas en coche junto con mi tía y su esposo mientras mi madre lloraba y rogaba que no la internáramos. Ahí comienza este desafío personal, el de cuidar mi salud mental e intentar cuidar la de mi madre.

Acá quiero hacer una pequeña reflexión sobre qué pasa cuando cuidamos nuestra salud mental y, por supuesto, rescatar que nuestra intención de internar a mi madre tenía que ver solo con ese objetivo: cuidar su salud mental y física.

Cuando cuidamos nuestra salud mental:

- Experimentamos más emociones positivas de manera más frecuente y podemos manejar de manera efectiva las emociones negativas.
- Tenemos más capacidad de adaptarnos y recuperarnos de situaciones adversas, superar desafíos y continuar adelante con una actitud positiva.
- Podemos establecer y mantener relaciones interpersonales positivas, satisfactorias y duraderas.

- Incrementamos nuestra capacidad para concentrarnos, aprender, ser creativos y tener éxito tanto en nuestros estudios como en nuestro trabajo.
- Cuidar nuestra salud mental contribuye a tener un sistema inmunológico más fuerte y a una mejor gestión de condiciones de salud física.
- Fomentamos una imagen positiva de nosotros mismos, generando más confianza en nuestras habilidades y la capacidad para establecer metas y trabajar hacia un logro.
- Nos ayuda a mantener un equilibrio emocional que nos permite tomar decisiones informadas y lidiar de manera efectiva con el estrés y las situaciones desafiantes.
- Nos facilita un mejor descanso y, a su vez, un sueño adecuado contribuye a mantener una buena salud mental.
- Reducimos el riesgo de desarrollar trastornos mentales graves y logramos mejorar la calidad de vida en general.
- Nos otorga más longevidad, una vida más larga y saludable, permitiéndonos disfrutar más plenamente de cada etapa de nuestra existencia.

Ese internamiento le permitió varios años muy buenos de sobriedad, volver a encontrar una pareja en Estados Unidos y poder concretar algunos proyectos de vida, entre ellos volver a nuestro país, a estar con su familia (su esposo se queda viviendo en Estados Unidos, situación que volvería a resultar en sufrimiento emocional para ella). Además, se propuso sacar adelante un proyecto en el cual me invitó a participar: la creación de un centro de tratamiento ambulatorio de adicciones. Y yo, por supuesto, acepté. Mi madre logró recuperar su salud mental y se mostraba muy comprometida con su recuperación. Todo evolucionaba a las mil maravillas y yo estaba radiante de verla bien y en sobriedad. Ella parecía muy contenta y estable. Volver a vivir en familia y con su presencia era realmente muy lindo; por fin vivíamos en armonía. Era una abuela muy cariñosa y dedicada a sus nietos y ellos la amaban. Pero, evidentemente, mi madre no se había recuperado emocionalmente en su totalidad y eso se pondría en evidencia a los pocos años de haber vuelto a nuestro país.

Mas allá de todos estos cuidados generales que podemos tener para con nuestra salud mental, debemos reconocer y aceptar que la vida emocional es un capítulo importante de la salud mental, además de representar el sello distintivo de nuestro bienestar. Esto significa que parte de nuestro estado subjetivo de bienestar estará definido por las emociones que experimentemos en cada momento de nuestra vida y en cada situación.

Toda emoción se asocia, necesariamente, con tendencias de acción específicas como, por ejemplo, luchar o escapar. Las emociones positivas no conducen a acciones tan urgentes como las negativas, pero provocan cambios en la actividad cognitiva, los cuales, en un segundo momento, pueden producir cambios en la actividad física. Nos ayudan a construir un conjunto de recursos personales (físicos, intelectuales y sociales) que podemos aprovechar para afrontar una dificultad futura, escogiendo opciones más adaptativas.

Estas son algunas de las emociones positivas: alegría, amor, gratitud, serenidad, esperanza, entusiasmo, orgullo, empatía, diversión, inspiración y admiración. Estas emociones positivas no solo contribuyen a una mejor calidad de vida individual, sino que también pueden fortalecer las relaciones, fomentar la resiliencia ante el estrés y promover un mayor bienestar en la sociedad en su conjunto. Es importante cultivar y nutrir estas emociones positivas en nuestras vidas diarias para promover un equilibrio emocional saludable.

Desarrollar hábitos y estrategias como la inteligencia emocional, el optimismo o la práctica del *mindfulness* son clave para lograr volver a un estado de equilibro emocional y mental que nos permita afrontar, resolver y funcionar de manera más efectiva y exitosa en nuestra vida.

Volviendo a la historia de mi madre, a los tres años de su regreso, y de estar trabajando ella como terapeuta en adicciones, volvió a tener una recaída en el consumo de alcohol, tras varios años de abstinencia. Recuerdo ese día con mucha claridad ya que mi reacción fue casi de *shock*. Hoy puedo decir que ahí comenzó el principio del fin de su vida. También puedo decirles con toda certeza que lo que a mí me salvo de verme arrastrada por su vuelta al consumo de alcohol y todo lo que eso significó fue una dosis importante de inteligencia emocional con la que estoy dotada. Esto me permitió mantener mi equilibrio emocional y hacer frente a un sin fin de situaciones emocionales muy fuertes. Fueron años muy duros de incontables altibajos emocionales y sentimientos encontrados hacia ella y su relación con el alcohol. Poder comprender los sentimientos que ella podría estar transitando en su padecimiento, me permitió poder tenerla en cuenta como persona, empatizar, comunicar y conectar mejor con ella cada vez que lo intentaba.

La inteligencia emocional se compone de varias habilidades interrelacionadas:

- Conciencia o autoconciencia emocional.
- Regulación emocional, autorregulación o autocontrol emocional.
- Automotivación.
- Empatía.
- Habilidades sociales.

La inteligencia emocional es crucial para nuestras relaciones interpersonales, éxito en el trabajo, bienestar emocional y toma de decisiones. Las personas con una alta inteligencia emocional suelen tener relaciones más satisfactorias, gestionar mejor el estrés y resolver conflictos de manera efectiva.

Mi madre finalmente falleció en el año 2011 en Estados Unidos, tras haber vuelto a consumir alcohol durante diez años más y de múltiples internaciones clínicas, como también un segundo viaje mío a Estados Unidos para intentar convencerla de una nueva internación en un lugar especializado para adicciones sin tener éxito. En sus últimos días logré viajar y estar con ella tres días antes de su fallecimiento. Me pude despedir teniendo la tranquilidad de haber intentado todo lo que estuvo a mi alcance para ayudarla a luchar contra su enfermedad. «No es lo que nos sucede, sino cómo reaccionamos a lo que nos sucede lo que determina nuestra calidad de vida».

Otro elemento que la psicología positiva reconoce y valora como una característica fuertemente determinante de nuestro bienestar y salud es el optimismo. ¡Cómo amo el optimismo y a las personas optimistas! Siento una atracción especial por este tipo de personas y creo que es así porque me siento absolutamente identificada con ellas. Mis mayores fortalezas son el optimismo y la alegría, diría que son las características que mejor me definen y que, en parte, heredé de mi padre.

- La palabra 'optimismo' proviene del latín *optimum*: lo mejor.
- Es la predisposición para entender y analizar la realidad desde su aspecto más positivo.
- La disposición a la interpretación constructiva de los acontecimientos externos, incluidos los conflictos y las perdidas.

Existen dos tipos de optimismo:

- Optimismo disposicional: expectativa global o generalizada de que en el futuro ocurrirán resultados favorables frente a los desfavorables.

• Optimismo atribucional: tiene que ver con cómo la persona identifica causas para diferentes eventos. Una tendencia a juzgar que lo ocurrido ha sido originado por un factor externo frente o por un factor interno.

Los ingredientes fundamentales del optimismo son: la esperanza en el mañana y la sensación de que controlamos razonablemente nuestro proyecto de vida. La buena noticia es que el optimismo se puede desarrollar y los principales factores que lo explican son:

• La genética.
• La familia (seguridad, ánimo y modelaje).
• Las experiencias vividas.
• Las críticas recibidas sobre todo por los padres y profesores.
• La experimentación de situaciones de control y dominio (competencia).

El que nos debería interesar desarrollar es el optimismo *realista*, que es aquel que necesita enmarcarse en la realidad, ser criterioso y considerar los riesgos. Para que eso suceda debemos poder aceptar la realidad de las circunstancias, mediante la inteligencia emocional y hacer foco en la solución y la esperanza.

¿Qué hace que una persona sea optimista? Básicamente lo que se conoce como las pautas explicativas, que son las formas en que las personas interpretan y explican los eventos y experiencias de su vida, enfocándose en aspectos positivos o favorables en lugar de negativos. Estas pautas están relacionadas con la perspectiva optimista que las personas pueden tener sobre su presente y su futuro.

Estas son las principales pautas explicativas de las personas optimistas:

- Internalización *vs.* externalización: tienden a atribuir los eventos positivos a causas internas (internalización), como sus propias habilidades, esfuerzo o actitudes, y tienden a externalizar los eventos negativos, atribuyéndolos a causas externas (externalización) como circunstancias, mala suerte o factores fuera de su control.
- Permanencia *vs.* temporalidad: tienden a creer que los eventos positivos tendrán un impacto duradero y permanente en su vida (permanencia), mientras que consideran que los eventos negativos son temporales y no tendrán un impacto duradero (temporalidad).
- Universalidad *vs.* especificidad: tienden a creer que los eventos positivos son universales y aplicables a muchas áreas de sus vidas (universalidad), mientras que ven los eventos negativos como situaciones específicas y limitadas a una sola área o momento (especificidad).
- Estabilidad *vs.* variabilidad: tienden a creer que los eventos positivos son estables y constantes en el tiempo (estabilidad), mientras que ven los eventos negativos como variables y cambiantes (variabilidad).

Estas pautas explicativas del optimismo influyen en la forma en que las personas procesan y responden a los eventos de la vida cotidiana, impactando su bienestar emocional, su resiliencia ante desafíos y su capacidad para mantener una actitud positiva hacia el futuro. El optimismo, en última instancia, se basa en la forma en que interpretamos y atribuimos significado a nuestras experiencias. Como dijo José Saramago, «Los únicos interesados en cambiar el mundo son los pesimistas, porque los optimistas están encantados con lo que hay». Por último, quiero dedicarle unas líneas a una práctica ancestral que ha ganado popularidad en los últimos años en Occidente y que ha tenido mucha difusión y aceptación: el *mindfulness*. Seguramente muchos de ustedes ya la deben conocer o haber escuchado y hasta quizá, por qué no, estén familiarizados o la hayan practicado.

La práctica de la atención plena en su forma actual se popularizó en Occidente a partir de las décadas de 1970 y 1980, a través de la obra de Jon Kabat-Zinn, fundador de la Clínica de Reducción del Estrés en la Universidad de Massachusetts y desarrolló el programa de Reducción del Estrés Basado en Mindfulness (MBSR, por sus siglas en inglés).

En la actualidad, el *mindfulness* se utiliza con diferentes objetivos, y pese a que es más bien una filosofía de vida, los profesionales de la ciencia de la conducta lo han adaptado a esta disciplina principalmente por los beneficios que aporta para la salud emocional de las personas y para el rendimiento de estas tanto en el entorno laboral como en el educativo o deportivo.

El término *mindfulness* se refiere a la práctica de prestar atención de manera consciente y sin juicio a la experiencia presente, y se ha convertido en un enfoque importante en la psicología clínica, la medicina y otras disciplinas, como una forma de ayudar a las personas a manejar el estrés, la ansiedad y mejorar su bienestar emocional y mental. Sin embargo, no existe una sola manera de practicarlo. Es importante destacar que, como toda habilidad nueva que queremos adquirir o desarrollar, se logra con la práctica continua, y puede ser beneficiosa como parte de un enfoque integral para la salud mental.

¿De qué manera el *mindfulness* nos ayuda y resulta una práctica beneficiosa y positiva?

- Reduce el estrés: nos ayuda a ser conscientes del momento presente y a desarrollar una relación más saludable con el estrés. Al prestar atención consciente a las experiencias, podemos aprender a manejar el estrés de manera más efectiva.
- Alivia la ansiedad: puede reducir los síntomas de ansiedad al permitirnos observar nuestros pensamientos y

emociones sin juzgarlos. Esto puede disminuir la rumiación y la preocupación excesiva.

- Mejora la depresión: al aumentar la conciencia de los estados emocionales y permitirnos manejar los pensamientos y emociones de manera más saludable.
- Mejora el bienestar emocional: practicar *mindfulness* de forma regular puede llevar a una mayor satisfacción y bienestar emocional al ayudar a enfocarnos en las experiencias positivas y a desarrollar una actitud más positiva hacia la vida.
- Mayor concentración y atención: la atención plena implica la práctica de prestar atención de manera consciente y enfocada en el momento presente. Esto puede ayudarnos a mejorar la concentración y la atención, lo que es beneficioso en la vida diaria y en el trabajo.
- Reduce la reactividad emocional: puede ayudarnos a responder de manera más equilibrada y menos impulsiva a situaciones emocionalmente desafiantes.

En un mundo tan acelerado como este, en el que las nuevas tecnologías avanzan de manera frenética, el *mindfulness* quizá aparece en escena como una herramienta imprescindible. Muchas personas vivimos en piloto automático, estresadas, ansiosas y sin saber ni siquiera quiénes somos. Lejos del presente, con una mente que salta de un lado a otro continuamente, esparciendo sus pensamientos y emociones. Inmersos en una cultura que fomenta el individualismo y el materialismo, y en la que hablar de emociones como la tristeza, el miedo o la incertidumbre está prácticamente prohibido y mal visto. Hay que ser feliz las 24 horas del día, los 365 días del año… algo que es imposible.

El *mindfulness* nos trae de vuelta al presente (a nuestro presente), lejos de nuestras expectativas irreales, aquellas que nos causan tanto sufrimiento. La atención plena nos ayuda a parar, a focalizar, a encontrarnos de nuevo con aquella persona que somos y la que frecuentemente olvidamos.

¡NO PUEDO MÁS!: LA VALIENTE DECISIÓN DE BUSCAR AYUDA PROFESIONAL

«Es importante que anote, doctora, que he venido a buscar ayuda por voluntad propia, nadie me obligo a estar acá», me dice Sergio en la primera entrevista. Creo que aclara eso porque no es fácil reconocer cuando uno no está bien y necesita ayuda. Para muchas personas pedir ayuda profesional es sinónimo de debilidad y de falta de fuerza de voluntad. Lo cual siempre digo que es ¡un grave error!

Mantenernos «sanos» es un proceso dinámico y cambiante que se ve influenciado por múltiples factores, de los cuales algunos pueden estar bajo nuestro control y otros no, tal como sucedió con la pandemia de COVID-19. Podíamos tomar todas las precauciones para evitar contagiarnos, y a pesar de estos cuidados extremos, muchas personas terminaban enfermándose sin explicarse cómo ni cuándo se contagiaban, y en algunas ocasiones considerando que era casi imposible que se hubieran contagiado.

El modelo de salud-enfermedad como un continuo es una forma de conceptualizar y visualizar con claridad la forma en que nuestra salud fluctúa a lo largo de nuestra vida como un fenómeno dinámico y no estático. No son estados absolutos, sino que existen en un espectro que abarca desde la salud óptima hasta la enfermedad grave.

- Salud óptima: en un extremo se encuentra la salud óptima, donde una persona goza de un bienestar completo en términos físicos, mentales y sociales. En este estado, la función del cuerpo es excelente y la persona se siente en su mejor forma.

- Bienestar relativo: a medida que nos movemos a lo largo del continuo, podemos encontrar diferentes niveles de bienestar relativo. Algunas personas pueden tener pequeñas dolencias o problemas de salud menores que no afectan significativamente su calidad de vida.
- Enfermedad leve o crónica: en este punto del continuo, las personas pueden experimentar enfermedades leves o crónicas que pueden requerir atención médica periódica, pero que no les impiden llevar una vida relativamente normal.
- Enfermedad grave o discapacidad: a medida que avanzamos hacia el extremo opuesto del continuo, encontramos enfermedades graves, discapacidades y condiciones crónicas que pueden tener un impacto significativo en la calidad de vida de una persona y requerir un tratamiento intensivo y atención constante.
- Enfermedad terminal: en el extremo más grave del continuo, se encuentran las enfermedades terminales, irreversibles y mortales.

Las personas podemos movernos a lo largo de este continuo toda la vida. Este modelo también enfatiza la importancia que tienen la prevención y el autocuidado para mantenernos en el extremo más saludable del continuo y para gestionar y tratar enfermedades antes de que se vuelvan más graves.

Teniendo en cuenta este modelo y, en particular, en relación con lo que podría ser la pérdida de la salud mental, entendemos que este es un proceso complejo y puede variar de persona a persona. A veces, es muy difícil establecer un punto específico en el tiempo en el que se pueda decir exactamente cuándo se perdió la salud mental, pero sí pueden determinarse desencadenantes, como hechos o eventos a partir de los cuales comienza el proceso de deterioro y/o pérdida progresiva de la salud mental.

Personalmente, pude tener esta experiencia de perder transitoriamente parte de mi salud mental y poder saber cómo y cuándo fue. Digo «transitoriamente» porque fue por un periodo de tiempo y «parte» porque solo abarcó un aspecto de mi salud mental que fue mi sensación de seguridad e integridad en determinadas ocasiones.

Mi historia comienza una mañana muy tormentosa cuando regresaba de trabajar de un sanatorio en el que atiendo a pacientes internados, y soy testigo de un accidente automovilístico grave que tiene un resultado trágico, ya que en él fallecen en el acto dos niños.

No solo fui testigo del momento en que se produjo el accidente, sino que fui la primera persona en asistir a la familia que viajaba en el vehículo. El hecho de haber vivido esa experiencia inesperada, inimaginable e indescriptible no iba a pasar desapercibido para mi mente en el futuro y eso me lo haría saber en poco tiempo. A los pocos meses de este acontecimiento, empiezo a notar que cada vez que ocurría una tormenta, comenzaba a sentirme ansiosa, con taquicardia, me comenzaban a transpirar las manos. Todos estos síntomas iban acompañados de una profunda sensación de temor de que algo grave pasaría y una intensa necesidad de regresar a mi hogar para sentirme a salvo y segura. Por supuesto, al principio no podía entender este tipo de reacción que nunca había tenido antes, que parecía casi un «pánico a las tormentas». Este miedo irracional a ese tipo de fenómenos nunca me había pasado.

Con el paso de los meses mi profesión y formación me permitieron explicarme que la experiencia traumática del accidente había quedado guardada en mi mente, que había asociado la vivencia y el temor en uno de los tantos elementos que se desempeñaron un papel importante en el resultado de ese día: las tormentas. Por eso, cada vez que se producía un acontecimiento climático de dichas características mi mente reaccionaba como si estuviera viviendo una vez más ese momento trágico con el mismo resultado, desencadenando en mí un temor inexplicable. Está de más decir que eso se resolvió con un buen tratamiento psicológico y psicofarmacológico que se prescribió para disminuir la intensidad de los síntomas.

Por lo tanto, y como se verá en mi historia, el proceso de perder la salud mental es gradual y multifactorial. A continuación, comparto algunos factores que pueden afectar a nuestra salud mental:

- Estrés crónico: el estrés prolongado y no gestionado puede afectar negativamente a la salud mental con el tiempo. Situaciones de estrés laboral, académico, familiar o económico.
- Eventos traumáticos: vivir o presenciar eventos traumáticos, como accidentes, abuso, desastres naturales o actos de violencia puede tener un impacto significativo.
- Cambios importantes en la vida: como la pérdida de un ser querido, un divorcio, una mudanza o la pérdida de empleo.
- Enfermedades crónicas o discapacidades: lidiar con estas dolencias puede ser emocionalmente agotador.
- Factores genéticos y biológicos: algunas personas pueden tener una predisposición genética a trastornos mentales, lo que significa que son más propensas a desarrollar problemas de salud mental.
- Abuso de sustancias: como el alcohol y las drogas puede tener un impacto negativo.
- Aislamiento social: la falta de apoyo y el aislamiento pueden también contribuir.
- Problemas en las relaciones interpersonales: conflictos familiares, problemas en el trabajo o en las relaciones personales.
- Dificultad o impedimentos para satisfacer necesidades primarias básicas: vivienda, alimentación y salud.

Todas estas situaciones que nos vuelven vulnerables y pueden impactar y deteriorar nuestra salud mental pueden manifestarse a través de una serie de señales o síntomas. Si esto ocurre y dichas señales o síntomas comienzan a manifestarse y alterar nuestra vida y rutina cotidiana podría ser un indicador de necesidad de atención profesional.

Es fundamental tener en cuenta que dichos síntomas y/o señales pueden variar de una persona a otra y que la presencia de una o más de estas señales no necesariamente indica un trastorno mental:

- Cambios en el estado de ánimo:
    - Tristeza persistente o sentimientos de desesperanza.
    - Irritabilidad excesiva o cambios abruptos en el estado de ánimo.
    - Pérdida de interés en actividades que antes eran placenteras.
- Cambios en el comportamiento:
    - Aislamiento social, retirándose de amigos y familiares.
    - Cambios en los hábitos de sueño, como insomnio o hipersomnia.
    - Cambios en el apetito o el peso, como pérdida o aumento significativo.
    - Aumento en el consumo de sustancias, como alcohol o drogas.
    - Autolesiones o comportamientos autodestructivos.
- Cambios en el pensamiento:
    - Dificultad para concentrarse o tomar decisiones.
    - Pensamientos recurrentes de suicidio o autolesiones.
    - Paranoia o delirios.
    - Pensamientos desorganizados o incoherentes.
- Síntomas físicos no explicados:
    - Dolores de cabeza, dolores corporales u otros síntomas físicos sin causa médica aparente.

- Fatiga extrema o falta de energía.
- Cambios en el rendimiento académico o laboral:
  - Disminución del rendimiento en el trabajo o la escuela.
  - Dificultad para cumplir con las responsabilidades laborales o académicas.
- Cambios en las relaciones interpersonales:
  - Conflictos frecuentes con amigos, familiares o colegas.
  - Comportamiento agresivo o violento hacia otros.
- Experiencia de miedo o ansiedad intensos:
  - Ataques de pánico.
  - Miedo irracional a situaciones específicas.
  - Preocupaciones constantes o ansiedad excesiva.
- Cambios en la percepción de la realidad:
  - Alucinaciones (ver, oír o sentir cosas que no están presentes).
  - Delirios (creencias falsas y fijas).

Es importante recordar que la salud mental es un espectro, y las personas pueden experimentar problemas leves o graves en diferentes momentos de sus vidas. La buena noticia es que la mayoría de las personas pueden recuperarse con el apoyo adecuado.

Buscar ayuda profesional es un paso importante para abordar los problemas de salud mental. Pero también sabemos la estigmatización que existe en torno a este tipo de problemáticas y los prejuicios de buscar ayuda, simplificado en una sola frase universal: «No estoy loco».

Poner fin a dicho estigma es un esfuerzo continuo que requiere de la colaboración de la sociedad en su conjunto. La educación, la empatía y la comprensión son fundamentales para crear un entorno en el que las personas se sientan cómodas al buscar el apoyo que necesitan. También es importante fomentar prácticas de autocuidado y mantener una red de apoyo sólida para promover la salud mental a lo largo de la vida.

Recuérdalo, «hablar sobre tu salud mental no te hace débil, te hace valiente».

HERRAMIENTAS PARA LA ACCIÓN

Ejercicios:

- Poner un hielo en la mano es una técnica de regulación emocional que se basa en la estimulación sensorial para ayudar a manejar la ansiedad y el estrés en el momento presente. Estos son los pasos que debes seguir:

  1. Preparación: consigue un cubo de hielo o un paquete de gel frío (puedes utilizar una bolsa de plástico con cubos de hielo o un paquete de gel congelado).
  2. Ambiente tranquilo: encuentra un lugar tranquilo donde puedas sentarte cómodamente y concentrarte en el ejercicio sin distracciones.
  3. Posición y postura: siéntate en una silla o en el suelo de manera cómoda y relajada, manteniendo la espalda recta.
  4. Respiración profunda: comienza con algunas respiraciones profundas y conscientes para relajarte y prepararte para el ejercicio. Inhala lentamente por la nariz y exhala por la boca.
  5. Tomar el hielo: agarra el cubo de hielo o el paquete de gel frío con una mano y sostenlo suavemente, permitiendo que sientas la temperatura fría.
  6. Enfoque en la sensación: concentra toda tu atención en la sensación de frío que experimentas en tu mano. Si es incómodo, recuerda que puedes soltarlo en cualquier momento.

7. Exploración sensorial: mueve lentamente el hielo o el paquete de gel por tu mano, explorando diferentes áreas de tu piel. Presta atención a las variaciones en la sensación fría a medida que el hielo se mueve.

8. Descripción detallada: describe para ti mismo lo que estás experimentando: ¿es muy frío?, ¿dónde sientes la sensación de frío?, ¿cómo cambia a medida que lo mueves?

9. Enfoque en la respiración: mientras realizas este proceso, continúa respirando de manera consciente y profunda para mantener la calma y la relajación.

10. Permanencia y aceptación: practica la aceptación de la sensación fría en tu mano sin juzgarla. Si sientes incomodidad o ansiedad, intenta observar estas sensaciones sin reaccionar ante ellas.

Este ejercicio puede ayudar a distraer tu mente de la ansiedad, a volver al presente y a reducir la intensidad de la ansiedad al centrar tu atención en una sensación física. Es importante adaptar este ejercicio según lo que funcione mejor para ti y recuerda que puedes dejar de hacerlo en cualquier momento si te resulta demasiado incómodo o desagradable.

- Las tres bendiciones: tiene como objetivo fomentar la gratitud y el enfoque en lo positivo en la vida diaria. Consiste en reflexionar sobre tres cosas que fueron positivas en tu día y que te hayan brindado gratitud.

  1. Escoge un momento tranquilo: busca un rato en el que puedas dedicar unos minutos a realizar este ejercicio en un lugar tranquilo y sin interrupciones.

  2. Recuerda y reflexiona: piensa en tres cosas positivas que hayan ocurrido en tu día. Pueden ser grandes o pequeñas, pero lo importante es que te hayan

generado gratitud.

3. Escribe o mentaliza las bendiciones: puedes escribir estas bendiciones en un diario, en tu ordenador o simplemente recordarlas mentalmente. Por ejemplo, podrías recordar un momento feliz con un ser querido, un logro que hayas tenido o simplemente el hecho de estar sano y tener un techo sobre tu cabeza.

4. Siente la gratitud: mientras recuerdas o escribes estas bendiciones, tómate un momento para realmente sentir gratitud. Siente aprecio por las cosas positivas que te han sucedido y cómo te han hecho sentir.

5. Agradece: expresa gratitud por estas bendiciones. Puedes hacerlo mentalmente o en voz alta. Agradece por las experiencias y las personas que te han brindado momentos positivos en tu día.

Realizar este ejercicio de las tres bendiciones de forma regular puede ayudar a entrenar la mente para enfocarse en lo positivo y cultivar un sentido de gratitud en la vida diaria. La gratitud ha demostrado tener beneficios significativos para el bienestar mental y emocional.

- Ejercicio de 5-4-3-2-1 para la ansiedad: utiliza tus sentidos (ver, contar y sentir) para anclarte en el presente y reducir la ansiedad.

1. Ver (visualizar): observa y nombra mentalmente cinco cosas que ves a tu alrededor. Pueden ser objetos, colores, patrones, etc.

2. Contar: luego, cuenta cuatro cosas que puedes tocar o sentir físicamente. Esto puede ser la textura de tu ropa, la sensación de una superficie, etc.

3. Sentir (sensaciones): identifica y mentalmente menciona tres cosas que puedes sentir en tu cuerpo en

ese momento, como la presión de tu espalda contra la silla o el contacto de tus pies en el suelo.

4. Oír: a continuación, enfócate en dos sonidos que puedas escuchar en ese momento. Pueden ser cercanos o lejanos.

5. Olfatear: por último, identifica un olor que puedas percibir en ese momento. Puede ser el aroma de la habitación, comida, naturaleza, etc.

Este ejercicio te permite concentrarte en el presente y desconectarte de pensamientos o situaciones que puedan estar causando ansiedad. Al reconocer lo que está a tu alrededor y centrarte en tus sentidos, puedes encontrar una sensación de calma y estabilidad.

Recuerda que cada persona es diferente, por lo que es importante experimentar con distintas técnicas hasta encontrar la que funcione mejor para ti.

Conexión interior: alma y propósito de vida

Pilar Salazar

Hay encuentros que llenan tu corazón y tu vida de color. El mío con Silvia fue uno de esos grandes regalos de la vida. Su gran sensibilidad, a muchos niveles, me da la oportunidad de reconocer una y otra vez que la vida está llena de magia.

Ella llega a mi consulta través de una queridísima amiga en común. De entrada, su actitud me sorprende mucho. No viene pidiéndome que haga o le recete algo que le haga sentirse mejor, viene para pedirme que le ayude a encontrar la forma de mejorar y permanecer bien. Así que sentí una gran alegría. Me di cuenta entonces de que ella comprendía que un médico puede prescribirte un medicamento o realizarte una intervención para calmarte un síntoma y, algunas veces (pocas, en realidad), curarte algo; pero serás tú quien deba ponerse en acción para sentirte realmente sano, y eso implica hacer cambios a muchos niveles.

Sisruta, el gran medico hindú, decía: «El médico que solo sabe de medicina y nada de lo otro no es médico». Nuestra labor, más allá de ocuparnos de algo físico, se trata de *acompañar* a un ser humano en un momento de gran vulnerabilidad. Para hacer un buen acompañamiento hemos de mirar no solo sus células y sus moléculas, sino todos los aspectos de su ser.

Uno de esos aspectos, es el aspecto *trascendente*, del cual nos ocuparemos en este capítulo. Hablar de lo trascendente es hablar del propósito, del sentido. Si has llegado a preguntarte alguna vez ¿qué propósito tiene la enfermedad? O ¿qué propósito tiene el sufrimiento que experimentamos a través de ella? es porque al menos por algunos instantes has podido salir del ¿por qué a mí? Y, entonces, estás preparado para dar un paso más allá en encuentro de tu bienestar.

En este capítulo compartiré experiencias y vivencias con mis grandes maestros, los pacientes, que nos permitirán vislumbrar el lugar que ocupa lo trascendente, dentro de la búsqueda del bienestar.

La crisis como oportunidad

A lo largo de la vida sufrimos incontables grandes y pequeñas crisis. La primera sensación de abandono, la negación a nuestras súplicas de ese juguete nuevo, pasando por aquel desengaño amoroso, las dificultades económicas o los momentos en los que vemos quebrantada la salud; entre otras muchas.

Si nos sumergimos profundamente en el significado de la palabra «crisis», encontramos que etimológicamente deriva del griego antiguo *krisis*, que al castellano se traduce como 'juicio o decisión'. En la Grecia antigua, consideraban *krisis* a una situación que exigía por sí misma a evaluar y tomar una decisión.

Y así es, en el transcurso de una crisis necesitaremos tomar muchas decisiones pues se presentarán situaciones inesperadas, se verán afectadas nuestras rutinas, costumbres o maneras de hacer. Pero quizá la decisión más importante que tengamos que tomar será: ¿voy a seguir tal y como venía o voy a cambiar y adaptarme a las nuevas condiciones que se me plantean? Y es que la crisis es también un momento crucial para cambiar la ruta o la forma de andarla, para ir del *hacer* automático, horizontal, extenso, al *ser*, a lo profundo, a lo intenso. Explicaré esto con un ejemplo.

Mary era una mujer que vivía por y para su trabajo. De familia de empresarios, había aprendido a hacer todo lo necesario para mantener todos sus negocios funcionando exitosamente sin importar el tiempo o esfuerzo que tuviera que dedicar a ello. Un día, le encuentran un cáncer gástrico. Al principio, después de conocer el diagnóstico, decidió seguir trabajando como si nada sucediera. Se ausentó el tiempo preciso para recuperarse de la cirugía que tuvieron que practicarle y se buscó la peluca más parecida a su pelo natural para poder seguir yendo a sus lugares de trabajo sin que nadie notara nada durante sus quimioterapias, el mismo día incluso. Después de un tiempo empezó a sentirse muy cansada, su concentración y memoria no funcionaban a la perfección como antes y empezó a preocuparse mucho. Sentía que si no era capaz de trabajar ya no era tan valiosa como antes. Por primera vez después del diagnóstico, se sentía realmente en crisis.

En ese momento empezó a experimentar tristeza y rabia. Después de unos días, comenzó a aceptar que tenía que descansar, que necesitaba dedicar tiempo a su propio cuidado. Toda esta situación le permitió darse cuenta de que había muchas cosas tan o más valiosas en ella que su capacidad de trabajo y que estaba dejando de lado cosas hermosas de la vida por centrarse en eso solamente.

Recuerdo el día que llegó a la consulta y me dijo: «Doctora, estoy tan feliz, vengo de pasar toda la tarde con mi hermana. Estuvimos charlando y tomando té. Nunca había disfrutado tanto de un té». Algo tan simple para muchos era algo que ella no se permitía y que por primera vez consideró y además disfrutó. A Mary la enfermedad le dio la oportunidad de vivir más plenamente la vida y de reevaluar su escala de valores, como le pasó a Luis, otro paciente cuya historia voy a contar.

Luis era un hombre muy exitoso. Escritor y profesor universitario, estaba atravesando por un muy buen momento en su vida, estaba siendo reconocido y galardonado después de muchos años de arduo trabajo, grandes dificultades y muchos detractores. Un día, siente que la mitad izquierda de su cara se queda paralizada. No puede cerrar el párpado, no puede sonreír bien. Luego se da cuenta de que tampoco puede comer bien porque se le escapan los líquidos por ese lado de la boca. Durante esta crisis pasó por el inmenso miedo del primer momento, seguido por la incertidumbre de lo que pudiera tener, por las vueltas que dio su cabeza a todos los posibles diagnósticos y complicaciones e, incluso, a la perspectiva de que estuviera ocurriéndole algo que lo estuviera poniendo en riesgo de morir en poco tiempo.

Consulta entonces por urgencias y le dicen que tiene una parálisis facial periférica y que ya se le mejorará sola. Que llevará mucho tiempo, pero probablemente irá mejorando. Su crisis continúa, pues ante la perspectiva de tener que presentarse así ante los alumnos, ante los colegas, y aprovechando la oportunidad de salir del país por un trabajo temporal que han ofrecido a su esposa, decide tomarse un tiempo fuera. Su vida en muy poco tiempo cambia radicalmente.

Durante varios meses y, poco a poco, su rostro va mejorando, y a la par que la transformación externa va gestándose en él un proceso interno, en el que cada vez da menos peso a su imagen, a lo que piensen o digan los demás sobre él, conforme va liberándose de la parálisis, va sintiéndose también más libre de ser él mismo. La crisis entonces es un catalizador en nuestro proceso, es un atizador de la transformación cuando estamos atentos y la vivimos con consciencia.

La pregunta que me hacen muchos de mis pacientes que ya están en un camino de autoobservación o trabajo personal es: ¿y qué me querrá decir esta crisis? Y la respuesta no la puedo leer en una bola de cristal o sacarla de un manual.

Por más que nos empeñemos, la vida no se puede encasillar en «tablas de interpretación». La respuesta viene cuando estamos receptivos a ella, cuando nos aquietamos y, sin apresurarla, dejamos que llegue. A veces, pasan semanas o meses para que comprendamos desde la razón el para qué de lo ocurrido. Otras, ni siquiera llegamos a saberlo desde la lógica, pero sí que hacemos pequeños grandes aprendizajes y hasta cambiamos el rumbo para bien. También renegamos pensando «¿por qué a mí?» y no nos damos cuenta de que aquella ruptura, aquel despido o aquella enfermedad nos alejaron de algo que no teníamos necesidad de vivir, de transitar. Esto le ocurrió a mi paciente Amelio.

Amelio era un paciente diabético, dependiente de insulina desde hacía treinta años. Además, tenía un hígado graso que empezó a complicarse. Después de muchos estudios le diagnosticaron una cirrosis hepática no alcohólica, con muy mal pronóstico. La noticia le cayó «como un balde de agua fría», me dijo. Pero en vez de hundirse, esto le hizo reaccionar. No quería morirse a pedacitos me decía, ni tener una muerte larga y dolorosa.

Hasta entonces, había delegado su enfermedad a los médicos, y a su insulina y demás medicación, pero un día vino a la consulta y después de explicarle las posibilidades que tenía, Amelio decidió por primera vez hacer cambios en su estilo de vida. Por fin se dio cuenta de que la responsabilidad de su salud no era de los médicos o de las medicinas si no de él mismo. Comenzó por caminar junto a su esposa diariamente y sin falta. También empezó a hacerse cargo de su alimentación, a comprender cuáles eran los mejores alimentos para él y cuáles no le favorecían. También dejó de beber vino, con el que algunos días de la semana acompañaba sus cenas. Pronto empezó a constatar por sí mismo que estos cambios bajaban sus niveles de glicemia a niveles que nunca había tenido. Tanto es así, que después de unos pocos meses ya no requería insulina. Bajó de peso controladamente, de tal manera que el tamaño de su hígado se redujo y las complicaciones ya no estaban. Por fin se había hecho cargo de su salud.

Hay aprendizajes más complejos, porque, aunque sepamos qué es lo que nos está mostrando la vida, qué es lo que sería deseable que aprendiéramos, nos cuesta muchísimo hacer los cambios necesarios. Esto lo he visto con muchos pacientes que experimentan crisis de pánico. Durante las crisis, muchos de ellos notan los latidos de su corazón de una manera que les provoca la peor sensación de miedo que han experimentado en sus vidas, un verdadero pánico. A esto se añade la insoportable sensación de que no pueden respirar bien, de que se quedan sin aire.

Las contracciones del corazón, así como la inspiración y la espiración son procesos que funcionan automáticamente, son independientes de nuestra voluntad. Durante una crisis de pánico, el miedo más grande es el de no tener el control sobre ellos, pero, en realidad, y afortunadamente, siempre han funcionado sin que debiéramos ejercer un control consciente. Curiosamente, muchos de los pacientes que me han consultado por estos cuadros, pasan por un momento de sus vidas en el que pretenden tener todo «bajo control», ya sea en el trabajo o en la vida familiar y algunos en todos los aspectos de su vida. La crisis que experimentan al vivir estos «ataques» les hacen percatarse, de una manera terrorífica, de que efectivamente no tienen el control de todo.

Afortunadamente, he visto a muchos pacientes recuperarse completamente de estos estados, y una vez fuera de ellos, me cuentan una y otra vez que han aceptado que no es posible controlarlo todo y, entre risas, me han confesado que por lo menos han podido volver a confiar y a «delegar» en su sistema autónomo la responsabilidad de sus funciones vitales. Algunos, los más conscientes, han logrado extrapolarlo con éxito a otras áreas de su vida y ha sido verdaderamente liberador. A veces, muchas veces, no nos damos cuenta de que todas las crisis, grandes y pequeñas son una oportunidad para cumplir un propósito mucho más trascendente.

En el libro *El hombre en busca de sentido*, Viktor Frankl, médico psiquiatra, nos relata su propia experiencia en un campo de concentración y cómo, aún en las peores condiciones en las que puede encontrarse un ser humano, brutalmente maltratado, desnudo, hambriento y sediento hasta el extremo, el mero hecho de seguir vivo hace aflorar la pregunta que da sentido a esa exigua existencia: ¿qué espera la vida de nosotros? ¿Para qué seguir vivo?

En mi momento de mayor oscuridad, en lo que muchos llaman «la noche oscura del alma», en referencia al poema de san Juan de la Cruz, después de pasar por las fases de negación, ira, desesperanza, caía en el máximo vacío y entregaba literalmente mi vida, rindiéndome a lo que había, a la nada. Desde ese profundo vacío ya no tenía más opción que levantar la cabeza y literalmente ver la luz; en ese momento, mi único deseo fue ir tras esa luz y esa sensación de plenitud que fue creciendo en mí, a la vez que crecieron solo dos palabras que le daban sentido a seguir viva: servir y aprender. Pero no «aprender» en el sentido que hasta entonces me había importado, el de datos y entendimientos desde la razón, no. En ese momento, nada que se pudiera perder era importante, nada material, nada intelectual siquiera porque hasta la razón se puede perder. Para mí lo importante era lo que no pudiera serme arrebatado ni cesar cuando acabara mi cuerpo; lo importante tenía que ser más trascendente, más inmanente.

Con el propósito claro, y la mente fija en esa luz, pronto comprendí que lo común a todos los seres humanos como aprendizaje es desarrollar nuestra innata capacidad de amar y de ser felices, entendiendo por felicidad la capacidad de disfrutar y mantener la paz independientemente de las circunstancias. La crisis trajo para mí una verdadera oportunidad de reenfocar el rumbo de mi vida.

SERVIR VS. AYUDAR: UN EGOÍSMO TOTALMENTE ALTRUISTA

Muchos podrán pensar que hablar de «servicio» y de «ayuda» es lo mismo, pero en los siguientes párrafos utilizaré estas dos palabras de manera claramente diferencial para poder profundizar en comprensiones prácticas.

En ocasiones, hacemos por otras personas cosas que ellos podrían hacer por sí mismos. A veces, simplemente porque nos lo piden, otras porque consideramos que es nuestro deber, otras más porque así nos sentimos buenos, y otras también porque consideramos que si no las hacemos nosotros mismos no van a quedar bien hechas.

Cuando hacemos por otros, de manera puntual, las cosas que ellos podrían y deberían hacer por sí mismos, estamos apoyándoles, y si esto es recíproco, entonces, estamos cooperando y ¡eso es maravilloso!, pero ¿qué sucede si constantemente hacemos las cosas por los otros en lugar de los otros? Por ejemplo, ¿qué sucedería si alguien hiciera constantemente los deberes escolares en vez del estudiante? ¿Cuál sería su grado de aprendizaje? ¿Cuál sería su oportunidad para practicar y entrenar lo que requiere? O ¿te imaginas si un futbolista profesional considerara que como tiene tanto dinero, va a pagar a alguien para que vaya a los entrenamientos por él? Ni a nosotros (ni por supuesto a su entrenador) se nos ocurriría, ¿verdad?

¿Qué sucede si por «ayudar» a un niño no le damos oportunidad de ir creciendo en responsabilidades y de realizar por sí mismo actividades de autocuidado y cuidado de sus cosas y de su entorno? Por más que lo aplacemos, tendrá que aprenderlo si quiere ser un individuo más o menos funcional en la vida.

Y vamos más allá, ¿qué sucede si reiteradamente nos hacemos cargo de las consecuencias que otro generó por sus actos? Pues va a costar mucho que esa persona tome decisiones acertadas o siquiera meditadas. Total, las consecuencias de lo que haga o de lo que decida no las pagará él.

Recuerdo ver en mi consulta una pareja mayor, con un hijo que ya estaba en la década de los cuarenta, a quien le habían acabado de comprar un taxi para que el «pobre», que no había podido «dar palo al agua» en la vida, pudiera trabajar. Pues una semana después de sacar el coche de la tienda, el hijo ya lo había estrellado mientras conducía borracho y lo había dejado siniestro total.

¿Por qué todavía no podía hacerse cargo de su vida? Cuando repasábamos con los padres la historia, durante toda su vida y para no sentirse culpables de no «ayudarle», habían estado ahí para sacarle de apuros, para solucionarle todas las situaciones y para pagar por todo en lo que se le ocurriera meterse. Incluso, cuando llegaron a mi consulta, estaban preocupadísimos, tratando de conseguir que el seguro les reconociera algo por el coche siniestrado, por supuesto, sin la colaboración de su hijo, ni siquiera en esta tarea.

Muchas veces actuamos así para intentar protegernos del dolor que nos causa ver mal a quienes queremos y de la culpa que pudiéramos sentir por no haber hecho lo posible por evitarlo, pero en realidad solo estamos aplazando y agigantando el sufrimiento venidero, porque a la persona a la que intentamos «ayudar» la veremos fracasar y venir a pedir auxilio una y otra vez.

Comprender que a largo plazo estamos haciendo más mal que bien, nos libera de esa creencia culturalmente aprendida de que tenemos que ayudar sin medida. Comprender que cuando lo hacemos estamos tratando de evitarles experiencias que creemos serán dolorosas para ellos, pero que, en realidad, son las que esos seres a quienes queremos necesitan para aprender. Interferimos en su desarrollo como seres humanos capaces y les hacemos esclavos del «buenísimo».

Cuando tengo en la consulta padres así, frecuentemente hacen clic en lo que está sucediendo cuando se dan cuenta de que cuando ellos ya no estén, sus hijos se encontrarán desvalidos hasta que encuentren otro «bueno de turno».

Cuando veo personas como Nick Vujicic, ese hombre increíble que nació con pequeños muñones en lugar de piernas y brazos, no puedo evitar pensar en lo extraordinarios que tienen que ser sus padres. Este hombre ha hecho todo lo que se ha propuesto en la vida. Estudió una carrera universitaria, vivió en su propio apartamento, nada, hace surf, ahora tiene esposa, hijos y da conferencias por todo el mundo. Para estar donde está necesitó algo muy diferente a la ayuda; si hubieran hecho todo por él, no podría ser quien es, necesitó apoyo, impulso, formación.

¿Cuántas veces nos convertimos en «los buenos de turno» que entorpecen el crecimiento de aquellos a quienes queremos ver bien? ¿Y qué podemos hacer entonces? En contrapartida de la ayuda como interferencia en el proceso del otro, tenemos el servicio. Y ¿qué sería entonces el servicio?

Cada vez que pienso en el servicio recuerdo a Roberto, un hombre que cuidaba coches en la calle de una clínica en la que trabajé. Desde la ventana de mi consulta lo podía ver cada día. Por la mañana temprano, iba a ayudarle a un vendedor ambulante que ponía su puestico de comidas en esa calle, a sacarlo del lugar en el que lo guardaba y a empujarlo junto a él, hasta el sitio en el que se instalaba. Después de eso, volvía al sitio desde el que se disponía a servir como podía a cada uno que pasaba. Orientando a personas que no encontraban el sitio al que iban, dándole la mano al señor que no podía subir bien a la acera, sacando el paraguas para que quien se iba a bajar del coche no se mojara cuando llovía. Igual le daba que le extendieran unas monedas por lo que hacía que si no le daban ni siquiera las gracias. Cada gran o pequeña acción que hacía durante el día, la enmarcaba con una discreta y hermosa sonrisa.

No hace falta (como esperan muchos) tener mucho dinero o ganarse la lotería para donar dinero a los que nada tienen. Tampoco es necesario jubilarse para dedicar todo el tiempo a una institución de caridad. Hay millones de oportunidades cada día para servir. Servimos cuando sonreímos por la mañana a aquellos con quienes compartimos nuestro día a día. Servimos cuando damos un abrazo a aquel que lo necesita. Servimos cuando brindamos información suficiente y eficiente a quien nos la pide, aunque creamos que no nos corresponde o que no hace parte de nuestro trabajo. Servimos cuando compartimos nuestros valores, cuando aromamos el mundo con nuestro mejor aroma.

Ya nos decía Gabriela Mistral en su poema *El placer de servir*:

Toda naturaleza es un anhelo de servicio.
Sirve la nube, sirve el viento, sirve el surco.
donde haya un árbol que plantar, plántalo tú;
donde haya un error que enmendar, enmiéndalo tú;
donde haya un esfuerzo que todos esquivan, acéptalo tú.
Sé el que aparte la piedra del camino,
el odio de los corazones
y la dificultad en los problemas.

Servimos cuando apoyamos al otro, no cargando permanentemente sus cargas. Servimos también, y mucho, cuando no destruimos, cuando nuestros pensamientos, palabras y obras no ensucian ni destruyen. Ya solo con esto, estaríamos sirviendo enormemente. La primera condición para servir de verdad es servirnos a nosotros mismos.

En las instrucciones que nos dan antes de que despegue un avión, nos dicen: «En caso de emergencia, pónganse la mascarilla, si tiene un niño o un anciano al lado, póngasela usted primero». Desde nuestra educación «buenista», tenderíamos a ponérsela primero al pobre anciano, o al niño, porque tiene prioridad en todo antes que yo, pero no, si tú no tienes oxígeno no vas a poder respirar, no vas a poder vivir, y si tú no sobrevives, pocas probabilidades tendrán de sobrevivir el niño y el anciano que tienes al lado. Será difícil que salgan por sí mismos.

En la vida diaria es igual, si tú no tienes los recursos, y no hablo de dinero sino de energía, alegría, paz, sabiduría, para cuidar o servir a otros, ellos tampoco estarán bien. Pero muchos aprendimos que pensar en ti es egoísta, es egolatría, es falta de solidaridad y de amor a los demás y, si no cumplimos con eso, no seremos considerados por las demás personas buenas. ¡Ay de nosotros si los demás no piensan que somos buenos!

Lo más altruista que podemos hacer es cuidar de nosotros mismos. Lo voy a repetir, lo más altruista que podemos hacer es cuidar de nosotros mismos. Nadie puede cuidar mejor de nosotros que nosotros mismos, nadie puede saber mejor que tú tus necesidades y gustos. No delegues esa tarea en otros. Si cada uno la hiciera por sí mismo estaríamos mucho mejor. Piensa en esto: si no soy capaz de hacer algo por mí, ¿qué puedo hacer por los demás?

Hace años venía a mi consulta una mujer de mediana edad. Estaba muy sana, pero de tanto en tanto venía para que le ayudara a relajarse, a equilibrar su sistema nervioso y también su cuerpo para no enfermarse. Lo primero que llamaba la atención de ella era su sonrisa, y sonreía no solo con su boca, también lo hacía con sus ojos. Todo en ella sonreía. Se la veía fuerte, con muy buen tono muscular, cuidada, con su pelo muy bien peinado. Sencilla pero bien vestida, sus labios abrillantados. Parecía una mujer que no tenía mayores preocupaciones.

Hablando con ella, resultó que tenía un hijo con un problema cerebral severo generado al nacer. Él estaba en silla de ruedas, ya tenía quince años, y sufría frecuentes complicaciones pulmonares como es habitual en estos casos. Cada día había que hacer absolutamente todo por él, asearlo, darle de comer, estar pendiente de que no se ahogara con sus propias secreciones, cambiarlo de sitio para que estuviera entretenido. No podían pagar a nadie que lo cuidara ni tampoco una institución en la que pudiera pasar unas horas, así que ella tenía que hacerse cargo de él. Cuando hablaba de su hijo, sus ojos brillaban del más puro amor. El padre sentía mucho dolor por aquella situación y por ver así a su hijo que era lo que más quería, pero no se sentía capaz de pasar más que momentos cortos con él. Por lo que ella me contaba, él estaba pasando por una depresión seria, pero no quería pedir ayuda para mejorar. La mujer, en cambio, además de venir a mi consulta iba al fisioterapeuta cada vez que sentía que lo necesitaba y, sin falta, dos veces por semana asistía a una clase de cincuenta minutos de yoga, en un sitio cerca a su casa. Hacer estas cosas por su bienestar, mantenían su cuerpo físico, emocional y mental en muy buenas condiciones y tenía clarísimo que esto era lo mejor para ella y también para sus hijos (tenía otro más).

Ella sabía que varias personas de su entorno y aún de su familia que conocían la situación de su hijo le juzgaban por verla salir sola y tan feliz para sus clases y actividades y hasta por verla bien cuidada y arreglada. Como si, por entendimientos culturales y morales, la entrega con sufrimiento fuera lo correcto y aceptable en esta situación, y más cuando sabían que la vida del chico, debido a su situación, iba a ser muy corta. Pero en su propio corazón sentía paz por lo que ella estaba haciendo por sí misma. Esta es una búsqueda de bienestar, aparentemente egoísta, pero, en realidad, la más altruista de todas.

Un día, llegó a mi consulta con una mirada especial. Tenía el brillo de siempre en sus ojos, pero poco a poco mientras me sostenía la mirada, ese brillo se velaba con unas lágrimas que no hacían que se apagara la sonrisa que la caracterizaba. La abracé y me abrazó mientras me dijo: «Mi niño ya se liberó de ese cuerpecito que le atrapaba». Seguía sonriendo mientras me contaba lo agradecida que estaba por haber tenido a aquel ángel en su vida y porque la luz de su alegría, y de su amor sin filtros, le acompañaría siempre. Más agradecida le estaré yo siempre por enseñarme tantas cosas a través de su vida. Tenía la paz que se puede tener cuando se ha dado lo mejor, cuando se ha entregado lo mejor.

Qué tal si te haces las preguntas que nos propone Gabriela Mistral en su poema: ¿serviste hoy? ¿A quién? ¿Al árbol, a tu amigo, a tu madre? Y aún más: ¿has hecho hoy algo por ti mismo?

Libera tu autenticidad: la lealtad a ti mismo

Cuando somos niños vamos por la vida sin filtros, decimos lo que pensamos y sentimos, queremos hacer a cada momento lo que nos apetece y de la forma en la que nos apetece. Vemos los pasamanos de las escaleras como el mejor tobogán, los tubos de los autobuses o metros como el mejor asidero para dar vueltas y vueltas, un sofá o una cama como un perfecto trampolín. El mundo es un parque de diversiones y cada día una aventura por emprender.

¿En qué momento, entonces, dejamos atrás la posibilidad de disfrutar de las pequeñas cosas y empezamos a aplazar y a complicar la alegría y el contento? En qué momento olvidamos esta capacidad innata y nos empezamos a creer que el disfrute llegará cuando tengamos esas vacaciones que soñamos o cuando una «bebida espirituosa» borre nuestras represiones y nos «desinhiba».

Muchas personas pasan su vida tras los barrotes que percibieron en su infancia y aun cuando ya no tienen a nadie que les reprima siguen reprimiéndose a sí mismas. Eso me recuerda a aquel pajarito que llegó al patio de nuestra casa y se quedó con nosotros unos días porque tenía una alita herida y no podía volar. Era un periquito amarillo, con alitas blancas. Carolina le llamábamos, aunque no sabíamos bien si era macho o hembra. Al principio le cuidamos en una caja de cartón mientras se recuperaba, pero al ver que pasaron unos días y no se animaba a volar unos vecinos nos prestaron una jaulita y nos pareció buena idea que estuviera allí para que pudiera columpiarse en el juguetito que la jaula tenía adentro y pudiera ir ensayando poco a poco su vuelo. Lo cierto es que con el paso de los días estaba mejor y mejor, pero a pesar de que la puerta de la jaula estaba abierta, no quería salir de allí. Intentábamos sacarle y temblaba y temblaba y no salía por si sola ni se dejaba sacar de allí.

El miedo al ridículo, a no ser aprobados o a no ser queridos, la culpa son algunos de los barrotes más comunes de nuestras propias jaulas. He acompañado a muchas personas que, sin importar su edad, siguen siendo leales a las represiones que sufrieron y a pesar de que llevan años y años sin sus carceleros, se han convertido a sí mismos en sus peores represores. ¿Qué te dices para reprenderte? ¿Qué te dices para regañarte o reprimirte? ¿Qué te dices cuando olvidas algo o te equivocas?

Y ¿qué tal si en vez de seguir repitiéndote a ti mismo aquello que nunca hubieras querido oír no aprovechas para decirte lo mejor? Si quisieras que hubieran sido benévolos contigo, ¡selo tú!, háblate con cariño, no te reprendas, no te castigues, no tienes necesidad de decirte palabras duras, de ser tu propio verdugo. Anímate, acéptate mientras te animas a hacerlo mejor la próxima vez, apóyate, felicítate, dedícate tus mejores palabras, tus mejores pensamientos. Sé tu más grande admirador y tu mejor amigo. Nuestras cárceles a veces están formadas por los barrotes del «debería ser», de «lo correcto» para nuestro sistema familiar o cultural.

Una vez llegó a mi consulta una mujer acompañada, o más bien traída, por dos hijos y una nieta. Carlina se llamaba. Con la piel curtida por el sol, de contextura gruesa, hermosa, dirían en algunos pueblos de España, robusta, dirían en Colombia; al saludarla pude sentir sus manos ásperas por el trabajo. Tenía ochenta y ocho años, y unos días antes había sufrido un ictus. De un momento a otro se había quedado con la mitad de su cuerpo paralizado, la lengua pesada, la boca torcida y no podía articular palabra. Rápidamente, la llevaron a un hospital en el que tuvo que ser ingresada. Para sorpresa de sus médicos, de la familia y, por supuesto, de ella misma, unas horas después empezó a recuperar el movimiento y, al día siguiente, ya hasta podía hablar un poco. Unos días después ya estaba en su casa, con todas sus funciones restablecidas, pero con mucho miedo a volver a sufrir un episodio como aquel o aún peor.

Su familia también estaba muy asustada, y me la traían para ver qué se podía hacer para no volver a tener «otro susto de esos». La mujer miraba a otro lado, hacía gestos con la boca y movía el pie de arriba abajo impaciente por irse. Estaba cansada de citas médicas y decía que ya estaba tomando todo lo que le habían mandado en el hospital y que ella estaba ya muy bien.

Cuando en vez de repetirle el sermón que ella ya se sabía, que tenía que tomarse sin falta los medicamentos para cuidar su tensión arterial y su colesterol y que no debía comer más choricito ni chicharroncito si no quería que se le taparan las arterias. Cuando en lugar de hacer eso yo la miré a los ojos y le dije lo fuerte que era y la capacidad tan maravillosa que tenía para recuperarse, que tan pocos días antes había estado tan mal y ahora estaba allí, andando en sus dos piernitas, y hablándome con su boca derechita, en ese momento, empezó a sonreír y sus corazas se cayeron. Le pregunté qué creía ella que había detonado ese ictus, y ella llevó los ojos hacia un lado su gesto se torció hacia el otro, y yo leí entre líneas: si yo le contara. Yo desvié la atención del tema, la examiné, la traté y la cité nuevamente.

A la siguiente consulta entró sola. Les pidió a sus acompañantes que se quedaran afuera y me dijo: «Doctora, usted me preguntó qué creo yo que me enfermó, y yo es que ya no puedo más, yo ya no me sentía muy bien, y mis hijos se aparecen a toda hora en mi casa a comer, me llevan a los yernos, a los nietos, me toca ir a la escuela a por ellos, criarlos prácticamente como si yo los hubiera tenido y yo ya no estoy para estar para acá y para allá, ni para estar cocinando a toda hora para todos. No puedo descansar ni en semana ni en fin de semana». ¿Y por qué lo sigue haciendo?, le pregunté. «Doctora, es que son mis hijos, son mi vida, yo no soy capaz de decirles que no, y verlos atareados y que necesitan ayuda y yo no ayudarles». En esa consulta trabajamos en ello, en la necesidad de cuidarse y de decir las cosas que desea y que necesita antes de que una enfermedad lo haga por ella, también trabajamos en la culpa que ello le conllevaba.

Un par de meses después, volvieron a la consulta, esta vez entraron los hijos antes que ella y me dijeron. «Estamos muy preocupados, mi mamá está muy rara, parece que esa enfermedad le ha hecho mucho daño, le ha cambiado su forma de ser. Ya nos exige que la llamemos cuando queramos ir a su casa, como si no nos quisiera ver, y hasta algún fin de semana que hemos querido ir a comer con ella nos ha dicho que mejor la saquemos a comer afuera».

Cuando la mujer entró, tenía una sonrisa de lado a lado en su rostro, estaba ufana y juguetona, me decía que ya no iba a necesitar más que una enfermedad asustara a sus hijos o a su familia para que entendieran algo que ella misma podía decirles. Aunque le había costado mucho y aún a su edad había conseguido cambiar algo que había arrastrado durante toda su vida. Ya no quería callar o reprimir más sus propias necesidades y deseos.

Cuando no somos fieles a nosotros mismos, vivimos en lucha constante contra lo que hacemos o lo que vivimos. Esto genera unos niveles elevados de cortisol que provocan o empeoran muchas enfermedades. Carlina me enseñó que no importa la edad. En cualquier momento podemos tomar la firme determinación de ser fieles a nosotros mismos por difícil que nos parezca.

Una vez recibí en mi consulta a Luis, un hombre que había dedicado su vida al trabajo y a su familia. Laboralmente no se dedicó a algo que le encantaba, de hecho, su trabajo le estresaba muchísimo, por eso siempre deseó jubilarse y descansar. Pero cuando por fin llegó ese momento, sus hijos habían emprendido sus propias vidas y, a pesar de tener una muy buena relación con su esposa, no encontraba nada que le llenara, no sentía motivación ni alegría en su vida. Tenía todos los síntomas de una depresión. Al preguntarle qué actividad disfrutaba, por más que lo intentaba, no encontraba ninguna. Le dije entonces: «¿En aquellos tiempos en los que tenías más trabajo, añorabas tener tiempo libre?». «Sí, me respondió». «¿Y para qué hubieras querido ese tiempo libre? ¿Qué te hubiera gustado hacer si lo hubieras tenido?». Fue ahí cuando recordó lo mucho que le gustaba la música y cuánto le encantaba reunirse con unos amigos para tocar juntos. Recordó también que el trabajo lo fue envolviendo cada día más hasta que olvidó completamente esto. Le propuse que volviera a su piano, me hizo una mueca como de «eso ya no es para mí», pero le insistí.

A la siguiente consulta vino con un rostro completamente distinto. A sus ojos había vuelto la ilusión. Cuando volvió a sentarse al piano no pudo contener las ganas y llamó a un amigo de la juventud con el que solía tocar. Para su sorpresa, su amigo quiso de inmediato reunirse con él y poco tardaron en rescatar a otro más de sus compañeros. Unas semanas después tenían un grupo y estaban no solo ensayando si no también haciendo presentaciones para familiares y amigos.

No esperes a la jubilación. Por lealtad a ti mismo haz como Luis, dedica tiempo de tu vida, el que sea, a hacer aquello que te hace feliz: bailar, leer, pasear, hacer fotografías… no lo dejes como un sueño o una añoranza porque no tengas todo el tiempo para ello, no lo dejes como un sueño incumplido, no importa que sea un ratito cada semana. Ya verás que pronto le encontrarás el gustito y hallarás más tiempo para dedicarle.

Para algunos su pasión puede convertirse en su fuente de recursos principal. En España, en donde llegar a ser empleado público significa tener el trabajo más estable que se puede tener, la ilusión de muchos padres es que sus hijos puedan serlo. Tienen una intención positiva, por supuesto, no quieren que sus hijos y nietos se queden sin recursos para vivir, pero condicionan la elección de muchos que se dedican a cumplir tareas que no les satisfacen para obtener su salario. Quienes consiguen seguir desde un principio lo que les dicta su corazón y dedicarse a aquello que les apasiona tienen que convencerse constantemente de que su decisión ha sido acertada y abstraerse del miedo a la incertidumbre que esto provoca en quienes los aman.

Para quienes encuentran su fuente de ingresos principal en algo que no es exactamente su pasión, encontrar los momentos para hacer esas cosas puede ser una fuente de energía y alegría a la que puedan recurrir, de forma paralela a su trabajo. Trabaja en el trabajo más importante que nunca tendrás: ¡trabaja en tu realización personal!

Lo triste es que cuando pregunto ¿qué has hecho alguna vez que haga que se pare el tiempo, que se detenga tu mente y no seas capaz más que de estar ahí, en presente absoluto? Muchas personas no encuentran en sus recuerdos ninguna respuesta. No hallan nada con lo que se sientan verdaderamente bien. Es una búsqueda que bien vale la pena.

Durante una temporada vi a mi madre muy desmotivada y dudando mucho de sí misma y de su valía. Ya sus hijos estábamos haciendo nuestras propias vidas y, además, acababa de perder a sus mascotas con las que había convivido durante más de quince años. Se me ocurrió que fuéramos juntas a una clase de pintura. Ella no había cogido un pincel más que para retocar alguna pared. Recuerdo que, en la primera clase, nos plantaron un huevo delante y nos pusieron a dibujarlo. El huevo que hizo mi madre más parecía un pequeño globo deshinchándose. Era tal la sorpresa de todos que nadie se atrevió a hacer ningún comentario. Nos mirábamos discretamente con asombro mientras mi mamá se decía así misma que era una inútil, que para eso no servía, que hasta un niño pequeño lo hacía mejor que ella. Las cosas se quedaron así, la rabia consigo misma fue bajando y hasta una broma y algunas risas hubo entre nosotras de regreso.

A la semana siguiente le recordé que teníamos clase, que se preparara para que fuéramos y pensé que se negaría rotundamente. Al principio se quejó, dijo que era una pérdida de tiempo, pero le insistí un poco y nos fuimos. Esta vez llegó haciendo bromas sobre sí misma y sobre su huevo. En esa ocasión, nos pidieron pintar unas frutas y ahora con color. Ella empezó a mirar las frutas de una forma diferente, y con el pincel y los óleos comenzó a dejarse llevar y a disfrutar intentando plasmar lo que estaba viendo. Para sorpresa de todos, las frutas le quedaron más que decentes y no tardaron en venir compañeros a darle palmaditas en la espalda y a decirle lo bien que lo había hecho. El profesor le elogió no haberse rendido.

La siguiente semana, ella misma me recordó que teníamos clase. Estaba bien dispuesta y extrañamente animada. Se dispuso a repetir la experiencia de las frutas. Pero a partir de ese día, ya no parecía haciendo una tarea u obedeciendo una orden, a partir de ese momento eran ella y su creación. Como si hubiera pintado durante toda su vida, empezaron a aparecer sombras, luces y matices que no nos habían enseñado aún a conseguir, había volumen, perspectiva, y todo le iba surgiendo de adentro. Nadie podía creer que fuera la misma persona que solo dos semanas antes había garabateado aquel huevo. Se había encontrado con ella misma y con la creatividad y el arte que siempre habían estado encerradas en el fondo de sí misma. Ese bodegón fue el primero de muchos cuadros que terminaron orgullosamente expuestos en las casas de sus hijos.

No tengas miedo a disfrutar haciendo lo que te encanta mientras no te haga daño a ti o a otros, no tengas miedo a que no encaje con tu edad, con el debería ser o con el «debería hacerse de esta o aquella manera». La industria musical está llena de cantantes que fueron rechazados muchas veces porque cantaban «raro», porque su voz era demasiado nasal o demasiado chillona, porque gritaban mucho o, al contrario, porque en vez de cantar susurraban; hasta que encontraron a alguien que supo valorar su particularidad y, aún más, potenciarla y hacer de ella su nota diferencial. Muchas personas cantan bien, muchas cantan bonito, pero si tu voz no puede diferenciarse fácilmente, si tu estilo es igual al de muchos, no tendrías nada especial por lo que la gente quiera oírte una y otra vez. Tanto si pretendes que un día te descubra una discográfica, como si tu máxima aspiración es disfrutar cantando en el baño, ¡canta como tú!, baila como tú, no importa si crees que bailas como «pato mareado». Toda actividad creativa es auténtica o no es creativa.

No todas las personas pueden sentarse en posición de loto y conseguir un estado meditativo. Algunos aquietan más su mente cuando están en movimiento, por eso su mejor estado «meditativo» lo consiguen haciendo chi kung o corriendo o caminando por un bosque. Son tus particularidades, tus singularidades las que te hacen único, y es serle fiel a ellas lo que te hace auténtico.

¿Qué harías si no te importara lo que dijeran de ti? Te propongo que esta semana hagas algo que nunca te has atrevido a hacer, algo que siempre has querido: cantar a pleno pulmón en la calle, montarte en el columpio del parque al que llevas a tus hijos e impulsarte hacia el infinito, decirle a tu vecino cuán hermosos son sus ojos… ¡lo que sea! ¡Permítetelo!

LA GRATITUD COMO PUERTA A LA ALEGRÍA Y AL BIENESTAR

De pequeños, aprendemos a dar las gracias por petición de nuestros padres o cuidadores. Muchas veces a regañadientes, lo repetimos como una norma social. Podemos pensar que dar «gracias» es un acto que complace a la persona que lo recibe y lo hacemos o bien como muestra de que se ha hecho acreedor a ello o como un acto de compromiso. Con lo que no contamos es con que, en la persona que expresa gratitud de manera genuina, están ocurriendo cosas maravillosas, cosas que podemos experimentar como alegría o bienestar, pero que van mucho, muchísimo, más allá de eso.

Y es que pronunciar una palabra sin experimentar su significado no genera cambios ni en quien la expresa ni en quien la recibe. «Sentir» en cambio gratitud, aunque sea durante los pocos segundos que la palabra dura, genera montones de cambios beneficiosos a nivel orgánico.

Cuando intento explicárselo a algunos pacientes intentan escabullirse del tema diciéndome: «Sí, ya lo sé, yo siempre he sido muy agradecido». Pero cuando les pregunto: «¿Y cuántas veces esta semana has experimentado en tu cuerpo un genuino sentimiento de gratitud?», miran hacia abajo, levantan sus hombros y se quedan mudos.

La gratitud sentida implica «reconocer», llevar la atención y elevar a otro nivel cosas que podrían pasar desapercibidas para nosotros. Nos permite ver luz en medio de la más grande oscuridad. Es por esto por lo que es un componente fundamental de la resiliencia.

Federico, un pequeño niño de dos años con un trauma perinatal que alteró su funcionamiento cerebral, era apenas capaz de mover su cabeza, bracitos y piernas de forma descoordinada. No podía sostener ni su cuello. Sus padres cuidaban de él de día y de noche por el peligro de que se ahogara con sus propias secreciones. Le llevaban a muchas terapias. Su mirada hacia él era de un amor infinito y, a pesar del grave estado en el que se encontraba, ellos siempre estaban con una sonrisa hermosa en sus rostros. Cuando les preguntaba cómo lo hacían, cómo lograban mantenerse así, me decían: «Es que cada cosa que logra hacer Federico es un regalo de la vida para nosotros».

Y así era, durante el tiempo que pasábamos con ellos, resaltaban cada mueca que pareciera una sonrisa, cada pequeño movimiento nuevo que lograra hacer. Hasta el más mínimo suspiro de alivio que el niño daba era celebrado por sus padres y su hermanita, como si fuera la mayor de las proezas. Se alegraban y agradecían. Ese sentimiento de gratitud permanente en sus corazones, en medio de la gran adversidad a la que se enfrentaban, les mantenía unidos y felices en torno a Federico y nos daban una gran lección a quienes teníamos el privilegio de estar en su presencia.

Es una cualidad que he observado también en muchos padres de niños con cáncer. Cada minuto de vida es apreciado y agradecido por ellos inmensamente. Pero para muchos de ellos, la gratitud no era algo que tuvieran muy presente en sus vidas antes. Muchos de ellos la desarrollaron y la apreciaron gracias a la crisis. Y son los niños quienes les llevan de la mano en ese camino. Apreciando cada segundo en que se sienten bien, juegan, sonríen, disfrutan y hacen que cada segundo de alegría no pueda no ser contagiado a quienes están a su alrededor y que sea vivido con inmensa y genuina gratitud.

Por fortuna, no necesitamos necesariamente de la adversidad para empezar a disfrutar de los beneficios de la gratitud. La gratitud se puede entrenar. Podemos abrir «carreteras» nuevas a nivel cerebral por las que puedan transitar habitualmente nuestros pensamientos; circuitos neuronales que ha estudiado la ciencia.

Cuando experimentamos sentimientos de gratitud, activamos, entre otras, una estructura cerebral llamada el núcleo accumbens, que hace parte del llamado sistema de recompensa del cerebro. Esto ha sido comprobado por numerosos estudios a través de neuroimágenes.

Este sistema nos ayuda a identificar lo que nos gusta, a motivarnos y a reconocer aspectos positivos en nuestro entorno. También es el responsable de generar sensaciones de bienestar y placer a través de la liberación de importantes neurotransmisores, entre ellos, uno importantísimo, la dopamina. Esta poderosa sustancia aumenta nuestra capacidad de atención y concentración, es responsable de que experimentemos motivación y participa en los circuitos de memoria, entre muchas otras de sus acciones. Además, la gratitud activa las vías de otro neurotransmisor, la oxitocina, que activa la relajación, favorece las relaciones, el afecto y se contrapone a los neurotransmisores que generan ansiedad, miedos y fobias.

Se ha observado también que, al activarse este circuito, se reduce la actividad de la amígdala cerebral, una estructura que hace parte del sistema límbico y que está relacionada con emociones como el miedo y manifestaciones de rabia como la irritabilidad, irascibilidad e intolerancia y que además está conectada con circuitos de dolor a nivel físico y emocional.

Esto significa que ejercitar la gratitud contrarresta sensaciones de angustia e irritabilidad, que sostenidas y mantenidas en el tiempo aumentan neurotransmisores como el cortisol y la noradrenalina y cuyo exceso puede alterar nuestros sistemas digestivo, hormonal e inmunitario. Hay evidencias de que las personas agradecidas son más resistentes al estrés en general, ya sea que se trate de problemas cotidianos menores o de grandes turbulencias personales. Nuestro cerebro no es capaz de sentir en el mismo segundo, gratitud y angustia.

Una vez acudió a mi consulta Olga, la hija de una paciente muy querida a quien atendí durante años y quien había fallecido con setenta y siete años, unos pocos meses antes. Olga venía muy mal. Estaba pálida, había perdido peso, entró muy seria y cabizbaja; muy distinta de como solía verla. Llevaba varias semanas sin dormir, me contaba; no le apetecía comer y ya pocas cosas de la vida le hacían gracia. Sus hijos adolescentes y su esposo estaban sorprendidos y muy asustados. «Es que no puedo entender que se haya muerto mi madre. Es injusto, ella estaba muy joven y sana todavía. Tengo mucha rabia con ella misma por habernos dejado, con Dios, con la vida». Era como si el hilo que le atara a la vida le hubiera sido cortado cuando murió su mamá. Ya había empezado a tomar antidepresivos, pero no remontaba de aquel estado.

Nada de lo que pudiera expresarle con mis palabras o con mi mirada podía sacarle ni una sonrisa, ni una mirada atenta siquiera. La invité entonces a hacer una serie de inspiraciones profundas mantenidas mientras que sonriendo da las gracias mentalmente por todas las cosas buenas vividas con su madre. Pocos ciclos de este ejercicio fueron suficientes para que su rostro cambiara. Su mente se había quedado en blanco según ella. Ya no podía pensar más en nada desagradable. Ya solo podía sentir contento. Literalmente se había conectado de nuevo con su corazón y a través de él con la vida. Este cambio persistió y, para alegría y tranquilidad también de su familia, ella pudo seguir adelante con lo mejor del recuerdo de su madre en su corazón.

Robert A. Emmons, psicólogo e investigador líder en gratitud, afirma: «Defino la gratitud como la afirmación de los dones de la propia vida y del reconocimiento de que las fuentes de esos dones vienen de fuera de nosotros». Es mirar hacia fuera lo que nos permite salir de nuestro «ombligo», salir de nuestro propio drama y volver a conectarnos con los otros y con lo exterior. Dicen antiguas tradiciones que la gratitud, así como el contento y la compasión son virtudes del corazón, y muchas investigaciones recientes nos hablan de que el corazón genera un campo magnético que puede activarse a través de esos sentimientos. Ese campo magnético nos conecta con los otros y con el universo entero.

Cuando yo misma empecé a practicar ese ejercicio no daba crédito a todos sus efectos. Al buscar activamente razones para agradecer, empecé a hacerme consciente de las pequeñas grandes maravillas de la vida. Despertarme con vida y bajo un techo, ver el sol, disfrutar del cielo, del canto de los pájaros, de tener a quien abrazar, a quien saludar, de tener agua en la ducha, tener qué beber y qué comer, cada detalle comenzó a cobrar otra dimensión.

Cuando llego al trabajo y siento gratitud por todo lo que me permite hacer y tener, no puedo menos que sonreír, y eso se contagia en mi entorno (aunque algunos a veces me miren raro cuando llego así un lunes en la mañana). Pero, como siempre digo, la vida no empieza los viernes o el fin de semana. La vida ocurre cada minuto de cada día y cada cosa que ocurre es una oportunidad para agradecer.

Todo esto no significa que estemos ciegos ante lo que no nos gusta o ante lo que no está bien, pero nos permite tener el combustible para llevarlo mejor. Además, las épocas difíciles nos sirven por contraste para agradecer. Ahora, por ejemplo, recuerdo el arroz frío con huevo revuelto que llevaba en la mochila como comida mientras estudiaba la carrera o el *croissant* con refresco cuando no se podía llevar nada y agradezco enormemente la comida calentita y a mi gusto que ahora me puedo comer.

Cuando recordamos lo difícil que ha sido nuestra vida en otras épocas, y lo que podemos disfrutar ahora, establecemos un contraste explícito en nuestra mente, y este contraste es un terreno fértil para el agradecimiento. A nivel mental, la gratitud puede ayudar a reducir el riesgo de depresión, ansiedad y trastornos por abuso de sustancias.

En el artículo titulado «Dar gracias te puede hacer más feliz», publicado por la Universidad de Harvard, y basado en un estudio realizado por Emmons y McCullough, podemos ver demostrados algunos de estos efectos. Los investigadores pidieron a los participantes escribir algo cada semana y los dividieron en tres grupos: los integrantes de uno de los grupos escribieron una carta de agradecimiento a una persona diferente cada semana, durante tres semanas; los de otro debían escribir sobre experiencias negativas; y los del tercero escribieron sobre situaciones que les hubieran afectado durante la semana sin precisarles que fueran positivas o negativas.

Después de diez semanas, los que escribieron cartas de agradecimiento se sentían más optimistas y mejor sobre sus vidas, realizaban ejercicio físico y enfermaron menos. La resonancia magnética funcional que se les realizó tres meses después de empezar a escribir mostraba una mayor actividad en la corteza prefrontal medial, un área cerebral implicada en la atención, la toma de decisiones y el control de los impulsos.

A raíz de este estudio, Joshua Brown y Joel Wong decidieron realizar en 2016 un ensayo controlado aleatorizado, bajo las mismas premisas, en personas con alteraciones mentales de base, con el fin de saber si a ellos también podía beneficiarles la práctica de la gratitud. Para ello, escogieron individuos que habían experimentado síntomas de depresión y ansiedad.

Al final del estudio, los participantes que escribieron la carta de agradecimiento reportaron una «salud mental significativamente mejor», según los parámetros establecidos por los investigadores, y esto persistió en los controles realizados cuatro y doce semanas después del estudio.

Pero la gratitud no solo tiene impactos a nivel emocional o mental. Tiene también un gran impacto a nivel físico. Numerosos ensayos clínicos, apoyan la idea de que la práctica de la gratitud puede disminuir la presión arterial, mejorar la función inmunológica y mejorar el sueño. Se ha constatado también que puede ayudar a elevar el HDL, el popularmente llamado «colesterol bueno», mientras reduce las fracciones no benéficas del colesterol, beneficiándonos así a nivel cardiovascular. Esto entre muchos otros efectos impresionantes a nivel orgánico.

Cada día, pues, tenemos infinitas razones para experimentar gratitud, millones de excusas para activar los circuitos de placer, bienestar y motivación. Aprovecha ese laboratorio interno a tu favor, siempre estamos a tiempo de equilibrar nuestros neurotransmisores y así madurar neurobiológicamente.

Te propongo el siguiente ejercicio: escríbele una carta, un mensaje, un correo a alguien distinto cada semana para decirle «gracias» por algo que nunca le hayas agradecido. Antes de hacerlo, inspira gratitud y recuerda la situación y permítete experimentar toda la magia que, al hacerlo, ocurre en ti.

ABRAZAR LA MUERTE PARA ABRAZAR LA VIDA

Algunos habrán aplazado varias veces la lectura de este fragmento. Otros, incluso, nunca querrán leerlo. En muchas culturas, la palabra muerte es temida, evitada, como si no nombrarla hiciera que desapareciese. Pero, aunque evitemos pensar en ella, la muerte es la única realidad que tenemos segura una vez nacemos: «De esta vida, nadie va a salir vivo».

La muerte es en cualquier momento y no lo decido yo. Hace muchos años, llegó a mi consulta una preciosa niña pelirroja. Tenía catorce años y su carita llena de pecas. Llegó a la consulta acompañada por su tía, porque tenía un cáncer de tiroides recién diagnosticado. A mí me asombró muchísimo lo feliz que se veía y cómo contaba su historia con gran tranquilidad. Cuando se lo dije, me contó que lo mismo le había pasado a su oncólogo, pero al contrario de mí, que me alegraba de ello, él se había puesto muy serio, le había mirado a los ojos y le había dicho en una de las consultas: «¿Niña, usted es consciente de lo que tiene?». Ella le respondió que lo sabía perfectamente, que sabía que tenía un cáncer. Entonces él replicó: «Pero ¿es consciente de que se va a morir?». Y ella, le respondió: «Sí, doctor, ¿y usted no? ¿Sabe usted cuándo se morirá?». Todo esto me lo contaba la niña de catorce años, en medio de sonrisas. Ella sabía muy bien lo que le ocurría, pero también sabía que estaba viva y, como me decía, mientras estuviera viva no iba a parar de vivir.

Nadie sabe con exactitud la «fecha de caducidad de su cuerpo», pero sabemos que la tiene. Muchos presupuestan en su imaginario unos cien años de vida para ellos y para sus seres queridos, y así vivimos aplazando la vida. Aplazándola para el fin de semana, para las vacaciones, para la jubilación... total, como dicen en mi tierra «qué afán para vivir cien años».

Nos envolvemos en las rutinas, en los deberes y obligaciones sin disfrutarlas ni disfrutarnos realmente. Lo paradójico es que aceptar que esta experiencia es finita, aceptar que se acabará y que no sabemos cuándo, puede hacer que valoremos más la vida. En el libro *Veronika decide morir*, de Paulo Coelho, el doctor Igor, médico psiquiatra, prueba una cura revolucionaria para la protagonista, quien había llegado a su sanatorio por intentos suicidas y concluye, después del éxito de su experimento, que la conciencia de la muerte puede ayudar a tomar conciencia de la vida. Antiguas tradiciones tienen rituales en los que las personas elegidas imaginan vívidamente su propia muerte y enfrentan todos sus miedos hacia ella. Lo curioso es que, después de ellos, viven la vida de manera más valiente y plena.

Nunca es tarde para mejorar la vida, aun cuando la muerte parece muy cerca. A quienes vienen a verme en esa etapa de sus vidas, los miro a los ojos como aprendí de mis profesores y les digo como le dije al último paciente que vi en esa situación: «Ahora estará usted pensando que se va a morir, ¿verdad?, pero ¿sabe exactamente cuándo? ¿Y sabe exactamente cuándo me iré yo o el celador del edificio? Cualquiera puede irse en cualquier momento, ¿no? Lo importante ahora es ¿qué va a hacer mientras se muere?». Paradójicamente, hablar de la muerte sin tapujos en esas situaciones quita una losa de encima y nos permite hasta reírnos de la situación.

Muchas familias de pacientes a los que acompañamos nos han llamado tiempo después contentas y agradecidas porque, aunque su familiar no se haya curado, han vivido junto a él el mejor tiempo de su vida antes de que partiera. Se han permitido poner en orden sus asuntos, decir lo que nunca habían dicho, expresar amor como nunca lo habían hecho, hacer aquel viaje que tenían aplazado, en fin, tantas cosas en la vida que tenían pendientes. Se permitieron, por el tiempo que fue posible, cambiar la forma de vivir y, con ello, también mejoraron la forma de morir. Esto nos lo muestran Jack Nicholson y Morgan Freeman en la película: *Ahora o nunca*, en la que dos enfermos «terminales» viven todo lo que hubieran querido vivir antes.

Pero, a veces, no luchar contra la muerte y trabajar por la vida es la mejor manera seguir vivo. Conozco a muchas personas a quienes pronosticaron hace más de veinte años que tenían pocos meses de vida, y ahí están, viviendo…

La forma de vivir incide muchísimo en la forma de morir. Laura era una mujer de sesenta y ocho años. Tenía un cáncer de ovario muy invasivo y no quería seguir los tratamientos que le recomendaba su oncóloga. Ella le decía que los tratamientos que podía ofrecerle eran paliativos y solo podrían alargarle la sobre vida unos tres meses más. Se dedicó a buscar todas las cosas que podía hacer por sí misma para curarse. Era una mujer muy fuerte e independiente, que había tomado cada decisión en su vida por ella misma. Nunca había vivido en pareja y tampoco tenía hijos. Las personas que quedaban de su familia de origen vivían en otro país. Venía a escuchar opciones de cosas qué hacer, pero siempre decidía concienzudamente cada paso y cómo darlo ella sola. Siempre hablaba de lo nuevo que había encontrado, de lo que había descubierto para tomarse o para hacerse y siempre se negaba a hablar de la vida y de la muerte. Cada vez que notaba molestias, dolores o aparecían complicaciones propias de su estado se enfadaba mucho y ese enojo lo extendía a mí, a sus demás médicos, a sus cuidadores (cuando permitió que alguien la ayudara), y en ningún momento aceptó la muerte dentro de las posibilidades que tenía. No porque no creyera en que hubiera «algo» después de la muerte, al contrario, era una gran meditadora, líder en una escuela espiritual, y, aun así, se apegó a su cuerpo hasta el final y su partida fue muy difícil y en medio de mucho enojo y soledad.

Por contraste, Iván fue diagnosticado de un cáncer de recto con treinta y ocho años, también en estado avanzado. Después de pasar por varias fases tras recibir la noticia, llegó el momento en el que aceptó su diagnóstico. Aceptar es muy distinto de resignarse, y así lo vivió él. No se resignó, hizo muchos cambios en su vida, incorporó muchas cosas que le ayudaban a estar mejor, además de someterse a todos los ciclos de quimioterapia que toleró. Físicamente estaba muy fuerte y llevaba muy bien los tratamientos así que participó incluso en varios ensayos experimentales. No paraba de trabajar, no paraba de hacer ejercicio porque sentía que todo eso le hacía sentirse mejor. Pero, al mismo tiempo en que trabajaba por estar mejor y por su vida, aceptaba que era posible que muriera de aquello, pero me decía: «Doctora, si la muerte viene ahora a por mí, que me encuentre *parado*» (parado significa en Latinoamérica de pie, en pie, viviendo…). Cuando sintió que se acercaba el momento de partir, se veía sereno, tranquilo por haber hecho todo lo que sintió que podía hacer y más, agradecido con todos los que le habíamos cuidado y llenado de amor.

Como nos dice Fidel Delgado, maravilloso psicólogo, filósofo de la vida y la muerte: «Morir es el viaje más interesante que harás en la vida». Pero ese viaje a veces se hace turbulento. La mayoría de las veces lo complican los apegos, los resentimientos, los asuntos inconclusos. Al respecto, me encanta la canción *Asuntos pendientes*, de Rozalén, una gran cantautora española. En uno de sus imperdibles pasajes dice:

Olvidar el dolor de palabras hirientes.
Y cambiar la razón: ojos que no te ven, corazón que te siente.
Entregarme a la luz cuando llegue el momento.
Y buscarte en mi alma, encontrarte, saber y sentir que no tengo asuntos pendientes.

Un día me pidieron que fuera a ver a su casa a una mujer que no podía moverse de la cama. Bernarda tenía noventa y seis años. Cuando llegué me la encontré como enrolladita en su cama, pesaría menos de cuarenta kilos, no tenía contacto con el mundo exterior, apenas gemía cuando le tocaba. Estaban sus piernitas todas hinchadas y los antebrazos llenos de ampollitas de agua. No estaba conectada a ningún aparato, no tenía ningún suero que le prolongara su vida y, sin embargo, llevaba en ese estado más de seis meses, y muchos más sin comunicarse con nadie.

Al ver que no había muchas cosas qué hacer por ella a nivel físico, pues ya le suministraban los medicamentos indicados para sus patologías, y el alimento en la forma en la que lo podía recibir, empecé a preguntarme qué la estaría atando a la vida en su condición. Sus hijos venían a verla, pero vivían en otros sitios, tenían sus familias y sus trabajos. Todos la visitaban y según me contaban estaban todos en paz con ella y aceptando que estaba mal y que lo mejor que le podía suceder era que descansara de ese cuerpecito.

Mientras la examinaba, había dos señoras en la casa que iban, venían, la acariciaban, la mimaban, la miraban con muchísimo cariño y desde fuera me miraban atentamente como cuidando de ella y de que no fuera yo a hacerle nada malo. Cuando pregunté cuánto tiempo llevaban ellas cuidándola, me dijo la hija que me llevó a verla, que una llevaba veinte años con ella y otra, siete, de los cuales los últimos cinco eran los que llevaba definitivamente en cama. Pregunté entonces a su hija qué pasaría con las empleadas cuando ella muriera y me dijo que una, la más antigua, se la llevaría una hermana suya para su casa y que con la otra no estaban seguras de qué iban a hacer. Le pregunté si no podrían asegurarse de que tuviera trabajo con alguien que la valorara, así que hizo algunas llamadas y luego me dijo: «Estábamos dejando eso para resolverlo después, pero mira, lo hemos hablado y ya tenemos un destino dónde podrá trabajar con alguien de la familia». Le pedí que me lo contara al lado de su madre y se lo repetí a la señora al oído, contándole que todos iban a estar bien, que se podía ir tranquila. Al día siguiente recibí una llamada de la hija de la paciente para contarme que Bernarda se había quedado como dormidita y que por fin se había ido tranquila. Parece que, al fin, ya no le quedaban asuntos pendientes.

Recuerdo muchísimo a Lucía, una mujer a quien acompañé durante varios años, al igual que a algunos de sus hijos y nietos. Un día, una hija suya me llamó para contarme que

Lucía estaba en la unidad de cuidados intensivos desde hacía seis semanas y en muy mal estado. Fui entonces a verla. Ya no tenía contacto con nadie y tenía muchas complicaciones en sus pulmones y riñones. Día a día, tenían grandes sobresaltos con su salud que hacían que no solo no mejorara si no que cada vez estuviera peor. No mejoraba y tampoco descansaba. Efectivamente, la encontré muy mal. Su cuerpo físico estaba en unas condiciones insostenibles, pero ella estaba ausente.

Cuando fui a verla, estaba su esposo en la habitación. Aunque vivieron juntos desde muy jóvenes, durante los últimos veinte años no tenían apenas contacto. Ella le preparaba la comida, pero ni siquiera comía con él. Se cruzaban lo mínimo posible en la casa y, por supuesto, tenían habitaciones separadas. Había ocurrido algo entre ellos que les había distanciado definitivamente. Yo sabía que ella estaba muy enfadada. Había guardado ese enfado durante veinte años y evitaba completamente los comentarios que otros hicieran sobre el asunto porque se negaba a perdonar. Era una de las personas más testarudas que he conocido. Pero también era muy graciosa y cercana conmigo, así que me aventuré a hacer algo en su bien. Aproveché que en esa situación no podía negarse ni mandarme lejos con una palabrota o un manotazo, le dije al oído que ese no era momento para ser cabezota y que ahora no se me podía escapar y le pedí a su esposo que se acercara y le tomara la mano, le pedí que le pidiera perdón y le perdonara todo lo que tuviera pendiente y que, además, lo hiciera de viva voz, a su oído, que de pronto ella podía oírle a pesar de su estado. Yo me salí un momento y cuando entré, él estaba limpiándose las lágrimas y respirando profundamente. Le di a Lucía un último beso y me fui. No había llegado aún a mi casa cuando me sonó el teléfono, era su hija diciéndome que por fin su mamá había descansado en paz.

Pero no siempre es tan sencillo. Como dicen: «La casa de la muerte tiene mil puertas para que cada uno encuentre la suya». Si tienes un familiar o un ser querido en proceso de partir, lo más amoroso que puedes decirle es: ¡gracias por lo que hemos compartido, vete tranquilo!

Tuve una paciente que me escribió porque sentía mucho dolor por no haber podido estar físicamente con su madre antes de que esta muriera. Este fue el mensaje que le escribí como respuesta:

> Estos son momentos para las añoranzas y las lágrimas, pero también son momentos para sonreír por los recuerdos hermosos y graciosos, por lo compartido, por lo aprendido, son momentos para desde el fondo del corazón, dar las GRACIAS, y con más razón, al ser a quien más gracias le debemos.
>
> Lo mejor que puedes hacer por ella ahora es decirle: ¡Te quiero! ¡Gracias! ¡Ya te puedes ir tranquila, y dejar ese vestido que ya no te servía, que ya solo te estaba causando dolor! Abrazarla desde el corazón porque los abrazos no se dan con los huesos ni con la piel sino desde el corazón y ella desde allí los siente, y que tu sonrisa sea el mejor ramo de flores que pueda recibir de ti.

Como decía el doctor Jorge Carvajal en su libro *Por los caminos de la bioenergética, un arte de curar*: «La vida es un río, la muerte es el mar… tal vez todo en el universo sea como agua viva que viene y va». También nos decía Tagore: «La muerte no es la oscuridad, simplemente se apaga tu linterna porque ha llegado el amanecer». ¡Y mientras tu linterna esté encendida, vive y ama como si no hubiera un mañana y exprésalo en cada uno de tus actos!

Despertar a la vida

Silvia Escribano

EL DESPERTAR...

En 2016, tras competir en la última prueba de las Olimpiadas de ese año celebradas en Sídney, el nadador olímpico más grande de todos los tiempos, Michael Phelps, anunció su decisión de *colgar el bañador*. Su salud mental le pedía parar, cambiar de rumbo. Rehacerse. Años después, en una conferencia que dio dentro del programa del World Business Forum celebrado en Madrid en noviembre de 2023, Phelps confesó que todo ese tiempo que había permanecido retirado de la vida deportiva lo había dedicado a disfrutar de la vida junto a su mujer y sus hijos. Y afirmó que también lo había aprovechado para aprender más de sí mismo. Ahora, gracias a ese autoconocimiento y a ese cambio de rumbo, había encontrado su verdadero camino: ayudar a otros que, como él, sufren trastornos mentales en silencio para decirles que hay luz al final del túnel.

La historia de Michael Phelps nos enseña algo muy importante: en cualquier momento puedes despertar a la vida. Aunque estés pasando por la circunstancia más complicada, por lo más difícil, siempre puedes abrir los ojos y encontrar tu propósito en la vida. El suyo coincide con el mío cuando decidí escribir este libro: ayudar a las personas de cualquier lugar del mundo, sean quienes sean y sean cuales sean sus circunstancias, a ver qué pueden elegir y pueden trabajar por y para su bienestar.

A veces, ese despertar sucede por un clic en tu interior, una chispa que te abre los ojos e ilumina tus pasos. En otras, es un proceso, un andar unas veces lento, otras a toda velocidad, a través de cada experiencia, de cada sentimiento, de cada dolor o de cada alegría. Eso es para mí la vida, un camino largo que recorremos repleto de llanos y de empinadas rampas, de curvas y de rectas que nos van fortaleciendo a cada paso que damos y que nos conduce a un final. De cómo lo recorramos, de cuál sea nuestra actitud al caminar, dependerá que sea un final feliz o no, de que encontremos eso que busca todo ser humano: la felicidad y el bienestar. Yo lo aprendí un poco a las bravas gracias a dos experiencias que pusieron mi mundo y mi vida patas arriba y que cambiaron mi mirada por completo. Una me descubrió cuál era el sentido y el propósito de mi vida. La otra hizo tambalearse los pilares sobre los que se sustentaba buena parte de ella, mis relaciones personales, y me enseñó a reconstruirlas. Es hora de que te hable de lo que viví en una selva de México y en una montaña de Tarragona.

APRENDER A CAMINAR ES APRENDER A VIVIR

En mi carrera como *coach* he participado en diversos programas de formación para ser cada vez mejor en mi labor de ayudar a otras personas a ver la luz que llevan dentro. Uno de ellos, el más transformador —esto es algo que he sabido después—, el que más bocabajo puso mi vida, llegó a mí a través de un correo electrónico inesperado, mientras trabajaba en mi anterior empresa.

Se trataba de una invitación a un programa piloto de *coaching* espiritual, basado en tradiciones ancestrales, que tendría lugar durante algunas semanas en la selva de Los Tuxtlas, muy cerca de Veracruz, en México, conviviendo con los indios huicholes. Esta población indígena valora por encima de todo la naturaleza y está increíblemente unida a ella. El programa, impartido por el maestro Manolo Cetina, se estructuraba también en torno al medio natural y su inmenso poder. Se trataba de conectar con la fuerza del sol, del aire, de la tierra... y ver qué lecciones extraíamos de todo ello.

Solo diez personas de distintas nacionalidades fuimos las elegidas para participar en este programa. Y no puedo explicarte por qué, pero cuando leí aquellas líneas sentí que la vida, y no el maestro, me había elegido para hacerlo. Así que, sin dudarlo un solo instante, y sin consultar con nadie, dije que sí, pagué la matrícula y mi mente conectó de inmediato con aquel viaje que me esperaba. Las cosas te eligen cuando estás despierto. Yo podía haber dicho que no. Era el peor momento de mi vida, logísticamente hablando, con dos hijos pequeños, pero sabía que tenía que ir. Y no me equivoqué.

LA METÁFORA DEL CAMINO

Cómo describirte lo que es la selva de Los Tuxtlas. Es un lugar tan mágico y despiadado a la vez para los urbanitas como yo que te sobrecoge y te enamora desde que lo ves y lo pisas por primera vez. Entre aquella inmensidad de vegetación, nos habían preparado un campamento en el que la única comodidad eran los tipis en los que dormíamos, de dos en dos, sobre unas tarimas hechas con barro y en las que colocábamos unas ligeras colchonetas. No había electricidad, por supuesto, y los cargadores solares no bastaban para recargar la batería de los teléfonos móviles. Estábamos, pues, incomunicados con el exterior, aislados de lo que hasta nuestra llegada allí había sido nuestra vida y nuestra rutina. Tampoco había comida todos los días, ni agua, dependíamos de la lluvia para llenar los depósitos. Imagina lo que eso supone en un lugar donde las temperaturas podían alcanzar los cincuenta grados, más insoportables, si cabe, por la tremenda humedad del ambiente.

Y esa fue la primera lección de vida que recibimos. Tenemos la suerte de vivir en una civilización donde todo nos viene dado, y eso nos hace perdernos y creer que es lo que merecemos, que merecemos disfrutar de todo cuanto tenemos por derecho. Así tiene que ser, pensamos. Nada que agradecer. Por eso, cuando la lluvia nos regalaba el agua suficiente con la que poder refrescarnos del sofocante calor, aprendimos a dar las gracias. Empezábamos a aprender que el agradecimiento está muy relacionado con el bienestar.

Las actividades que Manolo Cetina tenía preparadas para nosotros en su programa consistían, por encima de otras, en caminar. Lo hacíamos cargando mochilas de 16 o 17 kilos a la espalda, en medio de la vegetación, bajo un calor asfixiante, escuchando los sonidos de la selva y de los animales que la habitan. Caminar, caminar, caminar, con él haciendo de guía, sin que nos explicara a dónde íbamos o por qué lo hacíamos. Al principio, fueron caminatas fáciles de cuatro o cinco horas, todo lo fácil que puede ser andar en un medio que no controlas y en el que no pisas segura. Después, el maestro empezó a introducir cambios. Unas veces variaba el ritmo, y, de repente, pasaba de andar tranquilamente a acelerar muchísimo el paso. Seguirle era muy difícil en ocasiones, y el cansancio lo empeoraba aún más. En otras, las más extremas, Manolo Cetina pedía a los indios huicholes que nos acompañaban que nos vendaran los ojos. Los golpes, las caídas, imagínate, eran constantes. El dolor, la rabia, el cansancio extremo nos llevaban al límite, casi al insulto. Pero ninguno nos rendimos. Seguíamos andando a pesar de todo. Tan seguros estábamos de que para todo ese aparente sin sentido habría un porqué. Un aprendizaje —estábamos seguros— nos estaba esperando.

«Cuando la mente se os vaya a lo duro que es el camino, al calor que sentís, a la sed —nos decía el maestro—, repetid esta frase: "Aprender a caminar es aprender a vivir"». Y créeme, al principio no resultaba ningún consuelo. Pero él insistía. «Tratad de apartar el pensamiento y poned toda la atención en las sensaciones que experimentáis, en la pisada, en la naturaleza que os rodea, en el calor, en los olores… Y si aun así no conseguís estar en el camino, repetid una y otra vez esa frase: "Aprender a caminar es aprender a vivir"».

Y qué razón tenía, porque esa es la gran metáfora; eso es la vida, un camino. Y ese camino nunca es llano. Unas veces tiene un trazado muy fácil y liso, y otras se vuelve empinado o desaparece de tu vista. A veces está lleno de piedras que dificultan el paso y otras lo recorres con una mochila a la espalda llena de esas piedras, que no son otra cosa más que tus creencias, tus cargas personales, tus inseguridades y tus miedos. Así es la vida y tienes que caminar con eso. Nadie te va a quitar el peso de encima ni puede evitar que te cruces con obstáculos que te impidan avanzar en algún momento o te hagan aminorar la marcha. Es inevitable. Pero sí puedes elegir la manera de afrontarlo, cómo andar ese camino. Y si eliges hacerlo con conciencia, incluso disfrutando de lo que te ofrece, el camino cobra sentido. Para mí es la metáfora y la enseñanza más increíble que he aprendido.

LA VIDA ES UN RÍO

Caminar era la base del programa, pero no fue la única actividad reveladora que viví en Los Tuxtlas. La otra gran lección de mi vida me la regaló un río.

Un día cambiamos la caminata por hacer *rafting* en uno de los torrentes más caudalosos de México. En cada una de las cuatro barcas en las que nos repartieron, viajábamos tres compañeros y un oriundo que nos acompañaba por si la cosa se ponía fea. Al principio, las aguas bajaban tranquilas. Pero cuando el caudal empezó a ponerse bravo, el oriundo, bajo indicación del maestro Cetina, nos preguntó quiénes de nosotros queríamos remar. Yo me ofrecí voluntaria junto a otro compañero. Y después de muchas risas, porque aún no sabíamos lo que nos esperaba y todo se parecía más a una divertida atracción de un parque de atracciones, el río se volvió realmente peligroso. Con cierto estupor y mucho miedo, veíamos que los rápidos se hacían ingobernables y podíamos divisar cerca una especie de salto al vacío —así nos parecía desde nuestra perspectiva en la barca— al que íbamos derechos. Preguntamos a nuestro guía qué podíamos hacer para evitarlo, pero no obtuvimos respuesta. «¡Venga, céntrate y rema!», le dije a mi compañero, tomando yo sola, por puro instinto, una decisión sobre qué había que hacer. «¡Rema!, no pares de remar! ¡Vamos a pasar esto juntos, sigue! ¡Venga, vamos!, ¡foco, foco!, ¡va, va…!». ¿Cómo pude reaccionar así?, todavía hoy me lo pregunto, pero funcionó. Sorteamos los obstáculos, superamos aquella situación que tan peligrosa nos parecía desde lejos, y el río volvió a fluir manso el resto del viaje.

Esta es la otra gran metáfora de la vida que me regaló mi estancia en México. La vida, al final, es como el caudal de un río; que fluya depende de ti. Las piedras que hay en el camino estaban y estarán, pero que vayas, una vez más, con la mejor actitud, que conectes con el foco y te permitas fluir, que confíes en ti, en tus herramientas, en el camino, es lo importante.

Tayau, uno de los huicholes que nos acompañaban en aquella experiencia, siempre nos decía: «¿Os habéis dado cuenta de que la vida, a veces, se vuelve muy dura, muy difícil, y parece que no hay salida? Vemos un gran precipicio y nos asusta». Pero cuando conectamos con nosotros y estamos en equilibrio, la mayoría de las veces —no siempre— salimos más fortalecidos. Por eso yo, cuando pienso en resiliencia, pienso en esto, pienso en el río.

Caminar era la base de todo el programa, y todo lo que había alrededor de él tenía que ver con cómo hacíamos el camino. Con cada paso, con cada actividad paralela (como el temazcal, una ceremonia ritual mexicana para conectar con los ancestros), sentía que me iba limpiando, que iba descubriendo cuáles eran las cargas, muchas de ellas genéticas, que llevaba en esa mochila imaginaria; pesos que, si no estamos atentos, mueren con nosotros y los transmitimos, inconscientemente, de generación en generación. Cargas, en definitiva, que no nos hacen felices.

Todo lo que estaba viviendo en la selva de Los Tuxtlas estaba siendo un despertar. Pero para conectar con ese despertar y con el bienestar, a veces hay que pasar mucho dolor, hay que sufrir mucho mientras se anda ese camino. Esta es otra de las grandes y poderosas enseñanzas que me llevé de allí: al bienestar no se llega por un camino de rosas, antes hay que quitarle muchas capas, y eso puede doler.

Al final de cada jornada, yo pensaba en lo aprendido durante el día. Pero no lo hacía sola. A mi lado estaba siempre Tayau. Era un ser especial. Hablaba muy poco, solamente observaba y acompañaba, como si tuviera un sexto sentido innato que le decía cuándo tenía que estar junto a alguno de nosotros, cuándo le necesitábamos. No decía nada, simplemente se sentaba a tu lado y estaba. Y cada día durante las semanas que duró la formación, Tayau se sentaba conmigo al finalizar el día. Juntos, en silencio, mirábamos el sol ponerse, escuchábamos el río fluir, los sonidos de la selva. Entonces le decía: «Mi gran misión aquí, además de conocerme y quitarme esas capas tan pesadas, es ponerle nombre a mi propósito en la vida. Él me escuchaba sin dejar de mirar el atardecer. «Y voy descubriendo cosas, voy quitando otras, voy sintiendo mucho dolor, pero también mucha satisfacción... Sin embargo, Tayau, siento que necesito poner nombre a mi propósito porque me ayudaría a conectar con él y a moverme en esa dirección». Y él cada día me respondía lo mismo: «Tú mira al sol y el sol te dará la respuesta».

Y así, un día tras otro, siempre la misma contestación ante mí misma pregunta, los dos, uno al lado del otro, contemplando el atardecer. Hasta que llegó el último día y volví a insistirle para pedirle una respuesta. «Tayau, tú que has estado conmigo todos estos días, estas semanas, necesito que me ayudes. Necesito la respuesta, conocer este mantra que le dé sentido a todos mis días», le pedí. «Mira al sol», volvió a responderme una vez más. «¡Ya lo hago, pero necesito ponerle palabras que me ayuden a caminar en esa dirección!», contesté con cierta desesperación. «Tu propósito es ayudar al sol a iluminar al mundo». Ayudar al sol a iluminar el mundo... Y sus palabras se convirtieron en la gran revelación de mi vida, una enorme sacudida en mi espíritu. Esa era mi misión, ese era mi propósito, ahora estaba claro. Por eso todo el camino que llevaba recorrido para llegar hasta donde ahora estaba.

Quizá te estés preguntando por qué era tan importante para mí poner nombre a ese propósito, identificar aquello que iba a dar sentido a mi vida. Verás, un propósito sólido actúa como un faro en medio de la incertidumbre. Nos proporciona una brújula interna que nos ayuda a tomar decisiones alineadas con nuestros valores y metas a largo plazo. Cuando perseguimos un objetivo, un sueño que nos apasiona, la motivación se convierte en una fuerza constante. Superamos obstáculos con determinación ya que cada paso nos acerca más a la realización de nuestra misión personal. El propósito no solo nos lleva hacia el éxito externo, sino que también contribuye al bienestar interno. Cuando estamos alineados con nuestras verdaderas aspiraciones, experimentamos una felicidad duradera y significativa.

Eso que me descubrió Tayau contemplando el atardecer en la selva es lo que me sigue animando cada día a levantarme y lo que me inspira: ayudar al sol a iluminar al mundo, traducido a lo que yo soy, a lo que yo hago, y que tiene que ver con el bienestar. Y el bienestar es el sol, la felicidad es el sol. Que ese sol —que es el bienestar— pueda iluminar cada vez a más personas. Ojalá con este libro esté consiguiéndolo también.

Permíteme invitarte a esta reflexión antes de continuar. ¿Te has parado a pensar sobre cuál es tu propósito? Si crees que ha llegado el momento de descubrirlo, antes debes reflexionar sobre tus pasiones y tus valores fundamentales. Identifica cuáles son esas actividades que te hacen perder la noción del tiempo, eso que te apasiona, que, de alguna manera, da sentido a tu vida, aunque nunca has reparado en ello. ¿Lo tienes? Ahora sí, hazte esta pregunta que te ayudará a nombrar ese propósito: ¿Cómo quiero impactar positivamente en el mundo?

…Y YA NUNCA NADA FUE IGUAL: «GRACIAS, PERO NUNCA MÁS»

Este viaje a México marcó un antes y un después en mi vida. Me di cuenta de muchas cosas, me quité muchas capas. La experiencia que nos regaló Manolo me ayudó a conectar con la naturaleza mucho y muy intensamente, y a honrarla. Entendí que en ella está la armonía absoluta y que tenemos mucho que aprender de ella, de cómo se mueve. Pero, sobre todo, me ayudó a darme cuenta de que no necesitamos prácticamente nada para estar bien, para ser felices. Nada. Yo era muy feliz con poca agua, comiendo poco, sin conexión en el móvil y con un grupo de gente a la que no conocía. Era feliz simplemente estando presente. Vivía el momento y el ahora. Eso es lo que la vida me estaba entregando y yo quería vivirlo desde ahí.

Aún hoy sigo rememorando aquella experiencia en Los Tuxtlas. Cada día, nos íbamos desprendiendo de muchos personajes, esas máscaras que nos ponemos porque queremos agradar o porque pensamos que es nuestro verdadero yo. En una especie de ritual final llamado El camino sagrado, quemamos simbólicamente en el fuego todos esos personajes que te comentaba y que habíamos escrito en un papel. Era la manera de decirles adiós. Gracias, pero ya no os quiero más en mi vida. Gracias, pero nunca más. Durante un tiempo, nos habían hecho muy felices, pero ahora había llegado el momento de desprenderse de ellos. Fuera, ya no me hacéis bien. Y este simbolismo que es honrar lo que somos nos hace conectar con lo que nos gusta de nosotros, con nuestras fortalezas. Honramos también nuestras sombras, esa parte no tan bonita de nosotros mismos, pero que nos hace ser quienes somos y que nos ha traído hasta aquí. Esto, querido lector, es la aceptación máxima, la ruptura con viejos patrones que no nos sirven para seguir caminando.

¿Qué personajes eran esos que, quizá de manera inconsciente, nos habíamos creado mis compañeros y yo para protegernos en nuestra travesía por la vida, y de los que necesitábamos deshacernos en ese ritual? Uno era *el perfeccionista*, el que busca la aprobación constante y teme el juicio de los demás. Detrás de su máscara de perfección se esconde el miedo a ser vulnerable y a mostrarse tal y como es, auténtico. Otro personaje era *el cauteloso*, construido sobre la base del miedo al riesgo, el que evalúa siempre los escenarios con cautela. Y es cierto que con esa actitud puede evitar el dolor, pero también limita su capacidad de experimentar y de aprender de la vida. El siguiente personaje era *el protector desafiante*, que se presenta como fuerte e invulnerable y, sin embargo, a menudo esconde inseguridades profundas, utilizando la bravuconería como un escudo para evitar heridas emocionales. Y, por último, *el desconectado*, ese que, para protegerse del dolor emocional, se desconecta de sus propias emociones. Y aunque pueda parecer imperturbable, la desconexión, a menudo, le conduce a una sensación de vacío y soledad.

Ahora dime, ¿te has sentido identificado con alguno de ellos? Es muy probable que, aunque sea solo un poquito, tu respuesta sea sí. No te sientas mal, todos lo hemos hecho alguna vez. Es la manera que tenemos de autoprotegernos para evitar el dolor y la vulnerabilidad. También lo hacemos como una respuesta adaptativa a experiencias pasadas. Y, sin duda, porque no somos inmunes a las presiones sociales. Esas son las tres razones por las que creamos estos personajes que creemos protectores. En mi caso, reconocer a estos personajes habitando dentro de mí ha sido uno de los primeros pasos para conectar con la autenticidad. Cuando nos quitamos estas máscaras, nos permitimos vivir de manera más plena y conectada con nuestra verdadera esencia.

Hoy puedo decir, desde la distancia, que aquella experiencia tan dura y difícil fue uno de los mayores regalos de mi vida, porque me permitió no solo descubrirme a mí y me reveló el propósito de mi existencia, sino quererme tanto también, elegirme por encima de todas las cosas, ser fiel a mí misma y a mi esencia. Solo puedo decir gracias, gracias, gracias…

Después de aquellas semanas repletas de despertares, regresé a Madrid, a mi vida aquí, a mi trabajo… Sin embargo, algo muy en mi interior había hecho clic. Yo ya no era la misma Silvia que se fue a la selva. Había abierto los ojos. Algo había cambiado por dentro y regresé con la convicción de sacar de mi vida aquello que ya no me aportaba nada, que no me hacía feliz. Era el momento de hacerse preguntas. ¿Qué quiero hacer con mi vida personal, con mi trabajo, con mis amistades…? ¿Qué quiero hacer con todo esto y por dónde empiezo? Un año después de mi estancia en Los Tuxtlas, nos separamos mis socios y yo de la empresa que habíamos construido juntos años atrás. Un año después de aquel viaje, escribí *Neurocoaching*. Un año después de todo aquello, decidí elegirme y pasaron cosas.

Cuando consigues liberarte de ciertas losas, situaciones o personas que te están lastrando, toda esa energía que estabas poniendo ahí se queda disponible para que elijas dónde ubicarla ahora. Yo entendí que la estaba colocando en amistades que no me nutrían, en un trabajo que no me llenaba del todo… y cambié todo eso para centrar toda esa fuerza en mí.

No te quiero engañar, esto no es tan fácil como parece, así explicado. Tomar la determinación de ponerte en el centro y de romper con todo eso que tú creías bueno en tu vida, pero no lo era supone también correr el riesgo de perderlo todo. Todo. Tu familia, tus amigos… esos pilares que tú creías firmes y que sostenían tu vida. Hacerlos tambalearse da mucho miedo. Pero yo ya había visto las cosas que no quería seguir manteniendo, las que no me gustaban, y ya no había marcha atrás. No quería volver atrás. Yo regresé de México con esa declaración, con la aceptación absoluta de seguir adelante costase lo que costase, pasara lo que pasara. Y pasé miedo, claro, mucho miedo de quedarme sola. «¿Y si toda esta verdad que a mí me da sentido me hace perder a determinadas personas, perderlo todo?», me decía. Pues así tendrá que ser, me respondía con total aceptación de lo que tuviera que pasar.

Si tú también eliges, como yo, ponerte en el centro, tienes que saber que los pilares de tu vida se pueden desmoronar. Es un riesgo que debes decidir correr o no. En mi vida anterior al viaje a la selva mexicana había muchas cosas que no tenían sentido. Al menos para mí. Por eso, aun temiendo perderlo todo con mi decisión de cambiarlas, decidí que ese era el camino que quería seguir.

Han pasado diez años desde aquello y el camino se ha limpiado. Ahora miro atrás y entiendo cuantísimas cosas puse en riesgo. Elegir la vida que quieres vivir va a suponer muchos noes y muchos *basta ya*. Y muchas conversaciones dolorosas, y mucha crispación, y mucho miedo, repito. El MIEDO con mayúsculas. Yo aprendí en ese camino lo que era el caos, la incertidumbre. En el bienestar hay mucho dolor, y mucho temor y mucha rabia, lo hemos visto ya. Pero cuando vas trabajando en ti y tienes un propósito claro, tras todo eso empieza a aparecer la calma, mucha calma. Disfrutas de tu soledad.

Yo, repito, lo arriesgué todo. Pero ten clara una cosa: esa fue mi decisión, y no tiene por qué ser la tuya. Seguramente has oído eso de que los cambios vitales son un viaje que nunca acaba. No, no es verdad. Este viaje, este camino, empieza y termina cuando tú decidas y como tú decidas. Puedes emprenderlo y detenerte a la mitad. Decir «acepto la pérdida o las pérdidas que he tenido hasta aquí» y plantarte de una manera consciente. Y cuando tengas fuerzas otra vez, emprenderás de nuevo la marcha, elegirás una vez más qué batalla quieres librar. Esto es importante que lo tengas claro. No tienes que mandar tu vida al traste ni ponerla patas arriba porque alguien te ha dicho que no hay otra manera de hacerlo y de alcanzar el bienestar. No, la vida no es eso. Es ir eligiendo, dependiendo del momento vital que atravieses, dónde quieres poner el foco, y si es o no es el momento adecuado para ti de hacerlo. Tú tienes siempre la capacidad de elegir por dónde seguir. Tuya es la elección.

Porque cuando vas tomando las decisiones correctas —y correctas son esas que están bien para ti—, la vida te va abriendo nuevos caminos. Se cierran unas relaciones y aparecen otras. Se cierran oportunidades de trabajo y aparece otra cosa que ni te habías planteado y que puede ser aún mejor.

En ese despertar, tus relaciones, las que han sobrevivido a la criba, son muy de verdad. Son relaciones muy confiables, donde hay conversaciones profundas, porque cuando hablas y te muestras de corazón a corazón, de alma a alma, encuentras personas afines a eso. Ahí no hay mentira. En mi vida empezaron a aparecer personas de luz. Algunas de ellas son las tres doctoras y amigas que han colaborado en este libro.

Hoy la vida me sigue regalando cada día la oportunidad de decidir cómo quiero vivirla, y cada día elijo ser feliz y ser fiel a mí misma. Me sigo dando la oportunidad de equivocarme y de seguir aprendiendo.

LAS RELACIONES PERSONALES, EL PILAR DE TU VIDA QUE DEBE CAER O REFORZARSE

Hace ochenta y cinco años comenzó en la Universidad de Harvard (Massachusetts, Estados Unidos) un estudio que estaba encaminado a identificar qué factores contribuyen a una vida plena y feliz. Se le conoce como Estudio del Desarrollo Adulto o *Grant Study*, y comenzó en 1938. Cuando se inició, se invitó a participar en él a unas setecientas personas, entonces jóvenes y adolescentes. Todos ellos eran varones. Unos estudiaban en dicha universidad y otros vivían en un suburbio de Boston con bajos niveles de renta. Cada cinco años, se les pedían datos sobre su salud y cada dos, debían responder a una serie de preguntas detalladas. Se les interrogaba por las cosas que les provocaban tristeza o alegría, su estado emocional, las dificultades por las que estaban atravesando, sus relaciones personales, sus carreras profesionales... Al estudio, a medida que avanzaba la vida de estos chicos, se fueron uniendo sus esposas, después sus hijos... Y así hasta hoy, que aún continúa.

Podría esperarse que los resultados demostraran que el dinero, la posición social, el amor o el éxito profesional son los factores que determinan nuestra felicidad. Pero no. Son las relaciones personales estables y duraderas y las conexiones que se establecen entre las personas lo que nos hace realmente felices. Pero lo más destacado y sorprendente que se extrae del estudio es que son, además, el auténtico predictor de nuestra salud.

Quienes tienen relaciones cálidas y confiables que mantienen y los acompañan durante toda su vida tienen una menor propensión a desarrollar una diabetes de tipo 2 y a desarrollar una enfermedad de las arterias coronarias. Por el contrario, en aquellas personas que viven aisladas o en una soledad no elegida, su cuerpo presenta siempre una baja reacción de lucha-huida. Por tanto, sus niveles de cortisol son más altos de lo normal, y el cortisol en exceso, ya lo vimos en el primer capítulo, es puro veneno. Y no solo la salud física se ve afectada por la ausencia o no de vínculos con otras personas, también se refleja en la salud mental. La conexión emocional reduce la carga del estrés y la ansiedad, creando un espacio propicio para la paz interior. La comunicación abierta y respetuosa en relaciones confiables se convierte en un faro que guía hacia la salud mental y el bienestar emocional.

Porque esto es así. En la esencia de la existencia humana, las relaciones se erigen como pilares fundamentales que sostienen el edificio del bienestar. En esta exploración sobre cómo las conexiones sanas, cálidas y confiables influyen en nuestro bienestar, descubrimos un universo de impactos profundos que se despliegan cuando nos abrimos al poder transformador de las relaciones significativas. Es inevitable, como seres humanos estamos destinados a conectarnos desde que llegamos a este mundo. El vínculo innato que compartimos con otros crea un entorno propicio para el florecimiento emocional y psicológico. Así, las relaciones se convierten en espejos que reflejan nuestra humanidad compartida, proporcionando un terreno fértil donde la empatía, el apoyo y la comprensión pueden prosperar.

Esas relaciones sanas son las que actúan, igualmente, como refugios emocionales y nos ofrecen resiliencia frente a las adversidades. La certeza de contar con apoyo fortalece nuestra capacidad de superar desafíos y transforma las pruebas que nos plantea la vida en oportunidades de crecimiento conjunto. En todo ello, la empatía juega un papel fundamental. La capacidad de comprender y ser comprendido nutre la autoconciencia, permitiéndonos explorar y entender nuestras propias complejidades. Las relaciones saludables son espejos que nos devuelven una imagen más completa de nosotros mismos.

Así pues, las relaciones son campos de cultivo para el crecimiento personal. A través de interacciones significativas, aprendemos, evolucionamos y nos transformamos. El diálogo constante con seres queridos se convierte en un viaje conjunto de descubrimiento. Las personas que nos acompañan toda la vida, esas relaciones personales cálidas, bien cimentadas, que vamos configurando a lo largo de los años forman, igualmente, parte del camino. Y en ese viaje, en esa exploración, descubrimos un universo de impactos profundos que se despliegan cuando nos abrimos al poder transformador de las relaciones significativas.

¿CÓMO CAMBIARON MIS RELACIONES AL CAMBIAR TAMBIÉN MI MIRADA HACIA MÍ?

Cuando decidí elegirme, muchas de las personas que habían viajado conmigo hasta ese punto del camino también tomaron su propia decisión y escogieron no continuarlo o, al menos, no hacerlo de la misma manera. En otros casos, fui yo quien decidió cerrar de manera amable la puerta a esas relaciones que ya no tenían sentido. No, al menos, para la Silvia que yo era ahora. Al darme prioridad a mí, lo natural era que algunas de esas amistades evolucionaran y otras desaparecieran. Las que se marcharon fueron aquellas que no encajaban con mi nueva narrativa personal. Pero esto no siempre es negativo, hay que verlo como un paso necesario hacia el crecimiento individual. Al afirmar mi autenticidad, he atraído relaciones más alineadas a mi verdadera esencia, amistades y conexiones más profundas, arraigadas en el respeto mutuo y la aceptación. Hoy sé que estas relaciones están destinadas a quedarse para siempre y son una parte importante de mi bienestar emocional.

En este camino de renovación y transformación he aprendido muchas cosas sobre las relaciones y la amistad. Por eso me atrevo a darte algunos consejos. Practica la autoaceptación, aprender a amarte a ti mismo te va a permitir relacionarte de manera más auténtica con los demás. Abraza el cambio. Las relaciones evolucionan, permite que fluyan naturalmente sin resistencia. Y cultiva la empatía. Comprender tus propias necesidades te capacita para comprender mejor las de los demás, fortaleciendo conexiones significativas.

LO QUE APRENDÍ EN UNA MONTAÑA

En 2010 participé en un programa llamado «Cuerpo y movimiento en el *coaching* y en la vida». Lo impartía uno de mis grandes maestros, un chileno llamado Roco Pacheco, en Mas Llaneta, una montaña en Tarragona. Entonces no lo sabía, pero aquel programa supuso para mí el principio de mi nueva relación conmigo y de mi reconstrucción.

Estaba dirigido a *coaches* con el fin de que pudiéramos mejorar en nuestra misión de acompañar a las personas para que consigan ser lo que quieren ser. ¿Cuerpo y movimiento?, te preguntarás. Sí, deja que te explique. Cuando ponemos nuestro cuerpo en movimiento, desbloqueamos flujos de energía que revitalizan nuestra mente y espíritu. El movimiento no solo fortalece nuestros músculos, sino que también nutre nuestra vitalidad interior. Es, además, un aliado poderoso en la gestión del estrés. El cuerpo en movimiento libera endorfinas, lo que mejora nuestro estado de ánimo y promueve la claridad mental. El movimiento consciente nos conecta con nuestro cuerpo de una manera que va más allá de la forma física. Nos invita a escuchar nuestras necesidades, a reconocer tensiones y a celebrar los logros, creando una armonía integral.

Las emociones que a veces tenemos obstruidas y que acabamos somatizando, todos esos mensajes que —ya hemos visto— nos lanza el cuerpo cuando sabemos escucharlo, pueden servir como un catalizador para ese cambio personal que queremos dar y, en definitiva, para nuestro bienestar.

Este, como casi todos los programas en los que he participado a lo largo de mi carrera, estaba también basado en experiencias de vida, con dinámicas muy transformadoras y provocadoras, porque te enfrentan con todo lo que has experimentado, con todas las creencias y pilares sobre los que has construido tu vida. En él, se empleaban una serie de herramientas muy concretas que ayudan a conseguirlo. Permíteme un pequeño paréntesis para hablarte someramente de ellas.

La primera es Alba Emoting. Se trata de un método científico de inducción emocional creado por Susana Bloch Arendt. Esta psicóloga y psicofisióloga germanochilena descubrió los llamados patrones efectores emocionales, que son los patrones respiratorios y posturofaciales de las emociones básicas; y cómo una emoción puede iniciarse a partir de cambios en la respiración y en la postura del rostro y el cuerpo. Las seis emociones básicas sobre las que propone trabajar su método son la rabia, el miedo, la tristeza, la alegría, la ternura y el erotismo.

El Alba Emoting es un programa que se utiliza mucho en el teatro, por ejemplo, pero también en otros ámbitos como la psicoterapia o el *coaching* empresarial, que es al que yo me dedico principalmente. Lo que hace, en definitiva, es permitir a cualquier persona inducir, expresar y modular emociones básicas a partir de patrones corporales, especialmente respiratorios.

Hay algunas emociones con las que me cuesta más relacionarme que con otras, imagino que también te ocurre lo mismo a ti. En mi caso, esa relación complicada y difícil fue con la tristeza, como ya te conté en el primer capítulo. El Alba Emoting me ayudó a sumergirme en esta emoción hasta la mayor de sus profundidades. Cuando toqué fondo, cuando llegué a lo más hondo de la tristeza, lloré tanto durante días... No es una metáfora, fue real. Lloré sin parar, mucho más de lo que lo hice durante algunos años. Pero qué liberador fue. Me ayudó no solo a limpiar mis tuberías internas, sino a aceptar e integrar la tristeza como una de las emociones más importantes de mi vida.

Otra de las herramientas que el maestro Pacheco utilizó en su programa fueron los Cinco ritmos de Gabrielle Roth. Roth fue una bailarina estadounidense que descubrió y experimentó en sí misma el poder sanador de la danza. En la década de los setenta del siglo pasado, creó esta práctica de meditación en movimiento que utiliza el baile como un proceso transformador. De hecho, se alimenta de la sabiduría innata del cuerpo para favorecer el desarrollo de la conciencia y el autoconocimiento. Su finalidad es ayudarnos a eso mismo, a tomar conciencia de nuestro cuerpo, liberarnos de la inercia de los hábitos físicos, emocionales y psicológicos y poder vivir, así, con plena presencia y conectados al mundo.

Esos cinco ritmos, a los que Gabrielle Roth definió como «el idioma materno del cuerpo», constituyen el mapa de las emociones —ira, miedo, alegría, tristeza y compasión— desde las que se fundamenta. Podría decirse que son estados del ser que nos enseñan a vivir con más consciencia y a identificar los distintos ritmos de la vida por los que nos movemos, a cuál de ellos estamos más conectados en la cotidianidad y también a identificar los ritmos de los otros con la finalidad de observar cuáles son discordantes o complementarios.

Los ritmos siguen un orden. El primero es la fluidez, que, con movimientos suaves y continuos, es una invitación a adaptarse a los cambios con flexibilidad. El segundo, el *staccato*, movimientos más definidos rítmicos y precisos. Desarrolla la claridad de la estructura, la capacidad de establecer límites y la de expresar la energía de manera enfocada. El tercero es el caos. Aquí los movimientos son anárquicos y liberan tensiones acumuladas. Es una invitación a aprender a soltar, a permitir la expresión espontánea y la liberación emocional. El lírico es el cuarto y consiste en movimientos más livianos y expansivos, como volar. Invita a explorar la creatividad, la apertura y la conexión con el entorno. Y el quinto y último es la quietud, el más conectado de los movimientos. Suave y tranquilo, centrado en la calma. Es una invitación a desarrollar la atención plena, a integrar las experiencias y encontrar la paz interior.

¿Imaginas cuál de todos ellos fue el ritmo más retador para mí? No, no era el baile en sí. La danza me era familiar porque había practicado ballet clásico durante siete años. El reto estuvo en lograr la conexión más profunda con uno de ellos: el caos. Nunca, jamás, me había permitido entrar de verdad en su esencia. Por eso entonces, mientras trataba de conectar con el caos, mi cuerpo entraba y se permitía fluir con el movimiento, pero mi cabeza siempre mantenía el control. Esto había sido algo recurrente en mi vida. Pasara lo que pasara, jamás perdí ese control. La danza, el movimiento fue tan clarificador y amplificador de aquel mensaje que decidí que era el momento. El momento de abrazar el caos.

¿Por qué es importante abrazarlo? Porque esta fase proporciona un espacio seguro para una expresión emocional cruda y auténtica. Lo que se busca con ello es la renovación y la transformación para permitir la creación de nuevas formas y patrones. Al abrazar la caótica naturaleza del movimiento, se fomenta la aceptación de lo desconocido y la confianza en el proceso. Fue en ese momento cuando decidí dar la bienvenida a mi vida a un nuevo maestro, un maestro llamado caos.

La tercera de las herramientas que se utilizaron en el programa Cuerpo y movimiento fueron las Disposiciones corporales al movimiento, un modelo de aprendizaje desarrollado por mi maestro Roco Pacheco. Él plantea que hay cuatro disposiciones fundamentales: estabilidad, flexibilidad, resolución y apertura, y que la dirección de movimiento es hacia abajo, arriba, adelante y atrás, respectivamente. Las personas, todos nosotros, tenemos una mezcla de todos ellos, por eso es necesario identificar cuál de esas disposiciones es la que se ha convertido en patrón de nuestras relaciones. Por ejemplo, la estabilidad es un movimiento hacia abajo y es la que nos hace echar raíces, nos facilita estructurar, organizar, controlar, pero también nos dificulta hacer cambios, innovar, aventurarnos. Si está en tensión alta, nos lleva a la obsesión, al exceso de control. Por el contrario, en tensión baja nos conduce a la resignación, al abandono, a la depresión. Pero si está equilibrada, nos permite concretar ideas y proyectos.

La flexibilidad tiene una dirección hacia arriba. Gracias a ella innovamos, creamos, cambiamos, arriesgamos… Pero nos dificulta permanecer, consolidar, comprometernos y ordenar. En tensión alta, provoca euforia sin límites o locura. En tensión baja, conduce a la ingenuidad, a la ilusión o a la falta de compromiso. Centrada, sin embargo, nos permite conectar con la creatividad, navegar por la incertidumbre.

La resolución es una disposición al movimiento hacia adelante. Es la que nos facilita dirigir, emprender, exponernos, avanzar. A cambio, nos dificulta escuchar, retroceder, parar, empatizar, planificar y contener. Si está en tensión alta, nos arrastra a la tiranía y al autoritarismo. Centrada, nos permite ser buenos líderes. Y en tensión baja nos lleva a un exceso de entusiasmo.

Por último, la apertura, una disposición al movimiento hacia atrás. Gracias a ellas somos capaces de acoger, retroceder, preocuparnos por los vínculos y afectos, cooperar, ceder y empatizar. Pero nos dificulta tomar decisiones, liderar, cambiar, exponernos e imponernos ante otros. En tensión baja puede llevarnos a la sumisión. Si está en tensión alta, por el contrario, puede llevarnos a la desconfianza, al pánico y a la inamovilidad. Sin embargo, centrada nos da la posibilidad de escuchar y dar espacio.

Como ves, todas estas herramientas se centran en el cuerpo, porque es ahí donde pueden generarse los cambios más perdurables. Al menos, así sucede en mi caso.

Basándose, sobre todo, en esta última herramienta, la de las Disposiciones corporales al movimiento, Roco Pacheco nos preparó una serie de prácticas en las que simulábamos sesiones de *coaching* en vivo con nuestros compañeros. A mí me encantaban estas actividades porque el *coaching* es mi pasión, pero también porque, para mí, suponían estar de nuevo al servicio del grupo. Sin embargo, en una de esas prácticas, el maestro me comentó: «Necesito decirte una cosa». «Claro, por supuesto», respondí yo. Entonces me dijo: «Eres tan tan tan servicial para los demás que el día que te mueras en tu lápida pondrá: "Silvia siempre hizo por los demás lo que tenía que hacer"». Y en ese momento, con esa simple frase, mi cabeza hizo *bum*.

Aunque te pueda parecer lo contrario, no me estaba regalando un elogio. Con esas palabras dichas desde la más absoluta sinceridad, mi maestro me estaba poniendo delante de un espejo, y lo que veía no me gustaba. Silvia siempre hizo para los demás lo que tenía que hacer para que ellos fueran felices. ¿Cómo no lo había visto hasta entonces? Aquello no era más que servilismo puro y absurdo. Todo para los demás, pero ¿dónde quedaba yo? ¿A qué lugar quedaba relegada? No, hasta aquí hemos llegado, me dije. Silvia ya no va a hacer más lo que tenga que hacer para agradar a nadie. Silvia se va a colocar en primer lugar y, a partir de ahí, todo lo que tenga que caer caerá. En ese momento me di cuenta de que yo me había construido sobre unas creencias que ya no me hacían feliz. Entiéndeme, estar al servicio de los demás es muy bonito, es muy honroso, pero al hacerlo sin reparar en lo que supone para ti, te olvidas de ti mismo la mayoría de las veces.

«¿Quieres pasar así a la historia?, ¿como alguien que hizo por los demás todo lo que quería hacer y todo lo que los demás querían que hiciera?, ¿o como algo más?», volvió a preguntarme Roco Pacheco. Y, de repente, lo vi clarísimo. «No, la huella que quiero dejar quiero dejarla por mí misma», respondí. Para ello —lo tuve claro entonces— necesitaba construirme, reconstruirme; y para eso tenía que quitarme muchas capas de encima con el fin de poder ver qué es lo que había dentro.

Ese fue para mí el principio de la relación o reconstrucción conmigo. Ahí, en ese profundo clic interior, comenzó un proceso en el que sentía la necesidad, casi la obligación, de replantearme también las relaciones que mantenía y que me unían a otras personas, un proceso que aún hoy continúa, no ha acabado. Por eso la experiencia en Tarragona fue tan profundamente transformadora. Abrí los ojos y descubrí que todo lo que yo traía aprendido no me servía. Necesitaba conectar conmigo para ver qué otras cosas podía ofrecerme.

DEMOLER, CONSTRUIR, RECONSTRUIR, CIMENTAR: HORA DE REVISAR LOS VÍNCULOS

Hoy puedo decir, con absoluta certeza, que esta y la de México fueron dos experiencias profundamente transformadoras para mí que me llevaron, en primer lugar, a replantearme mi relación conmigo misma y, a partir de ahí, revisar también mis relaciones con los demás. Y que me trajeron aprendizajes infinitos.

Con ambas experiencias cambió la relación conmigo a fuerza de destriparla para empezar a ver lo que ya no me servía en esa vida nueva que quería tener, que era (y es) una vida más auténtica, más conectada conmigo y con el mundo, en general. Ese *sí, quiero* que me estaba diciendo implicaba también decir *sí, quiero* a una serie de cosas y *no* a otras muchas que se empezaron a caer, como en un dominó. Gran parte de esas cosas que cayeron fueron las relaciones. Bueno, no todas. Para ser más precisa, debo decir que unas cayeron y otras cambiaron, como cuando llega el otoño y caen las hojas de los árboles. Unas relaciones murieron ahí y otras permanecieron, aunque necesitaron ser reconstruidas. Yo necesitaba que se construyeran de otra manera, sobre otros cimientos. Porque esas relaciones que sobrevivieron asentadas sobre otras bases y que hoy perduran —debo decirte— han generado flores. Sí, ese es el símil, florecen. Esas son las relaciones que se han podido generar con un nuevo vínculo.

Yo, mí, me, conmigo

Pero me estoy adelantando otra vez, perdóname. Voy a tratar de volver a poner orden. Te decía que el programa de Mas Llaneta en Tarragona me había hecho abrir los ojos y nació entonces en mí la necesidad de replantearme no solo mi relación con los demás, sino también conmigo misma. Esa fue la primera en reconstruirse, la base de todas.

Lejos de lo que pueda parecer por la imagen que doy a los demás, yo siempre he tenido una relación complicada conmigo misma. Revisando mi vida, me di cuenta de que siempre había comprado la historia que otros me contaban sobre mí y de mi relación conmigo misma. Yo siempre he sido muy exigente conmigo sin que hubiera ninguna presión exterior que lo causara. Mis padres jamás me pidieron que fuera la mejor en los estudios, por ejemplo, o haciendo deporte, o en mi carrera… Nunca. Eso era algo que yo me autoimponía.

Me he construido desde un lugar de mucha exigencia: tengo que dar más, puedo dar más. Tengo que ser buena para otros, para mis amigos. Tengo que dar más de mí a los demás. Esto, todo ese espíritu de superación que, en esencia, es bueno, porque tiene que ver con intentar ser cada vez mejor, a mí me había llevado a un punto que me había generado mucho desgaste, y también mucho dolor y sufrimiento. En Tarragona decido que ya no, que ya nunca más. Me elegí a mí por encima de todo lo demás. Yo era el centro y desde ahí, desde mí misma, empecé a construir mi bienestar.

Papá, ¿nos reconciliamos?

Una vez que había sido capaz de reconstruirme, tocaba revisar más relaciones. La siguiente era la mía con mi padre. Claro, ahora me dirás «pero si tu padre había muerto ya mucho antes». Sí, tienes razón. Pero yo necesitaba reconstruir el vínculo. Primero conmigo, claro, y luego con mi padre.

Las relaciones sanguíneas hacen que muchas veces nos pongamos límites tan grandes que nos impiden encontrarnos de una manera honesta y sincera con las personas que más queremos. Yo tenía la sensación de que eso me había pasado con él. Hubo algo que me impidió encontrarme con mi padre de esa manera honesta y sincera mientras estaba vivo, durante ese tiempo que pasamos juntos. En Tarragona, me di cuenta de que tenía un gran trabajo pendiente en ese sentido. Así que, desde el momento en que fui consciente de eso, lo que le propuse a mi *coach*, a mi maestro, era sanar la relación que tenía con mi padre y reconstruirla. Hacerla, ya lo he dicho, más honesta, ese es el calificativo que me sale de lo más profundo. A partir de ahí, lo que hago es practicar el ejercicio del perdón con él, paso a paso, despacito. Dolía tanto que no quería ni podía hacerlo de otra manera. También había rabia, esa que nacía de culparle por haberse ido, por causarme todo ese daño, por dejarme sola. Sin embargo, el proceso ha sido profundamente sanador y liberador.

¿Liberador?, puede que te estés preguntando. Sí, liberador. Porque a mí me estaba generando, cómo explicarlo, una especie de culpa por no haber sabido aprovechar el tiempo que tuve con él para generar una relación diferente. Pensamos que tenemos toda la vida para cuidar a la gente que tenemos cerca y lo damos por hecho. Pues a mí, con mi padre, esa creencia me pasó factura; no me dio tiempo.

Durante las sesiones de *coaching* en Mas Llaneta, poco a poco, fui hablando con mi padre y comencé a ser capaz de decirle aquellas cosas que nos quedaron pendientes, todo lo que me hubiera gustado hablar con él, expresarle, decirle. Y con cada palabra, con cada conversación, aunque él ya no estuviera presente, iba sintiendo que nos íbamos reconciliando. Era una reconciliación con él y con la relación que yo hubiera querido que tuviéramos.

Una vez que empiezo a construir ese perdón —y el perdón, al final, es siempre hacia uno mismo, porque es a nosotros a quien libera—, empiezo también a respirar. Pero no solo metafóricamente, es que también hubo una respuesta física a esa liberación, como te conté en el primer capítulo. Y esto podrá parecerte una locura cuando lo leas, pero siento que mi padre, desde donde quiera que esté, de alguna manera me ha hecho saber que lo ha recibido, que me ha escuchado. Ese perdón sanador ha conseguido que yo sea capaz de mirar esa relación con él desde otro lugar, un lugar que me da mucha paz. Tanto que hoy, por fin, puedo hablar con tranquilidad de todo esto.

PERDÓN, MAMÁ, NO HE SABIDO ESTAR A LA ALTURA

La siguiente relación que quiero sanar y reconstruir es con mi madre. Tras la muerte de mi padre, construí muchos personajes que me ayudaban a moverme en la vida sin que la gente me hiciera daño. Creé un personaje llamado Silvia, absolutamente segura de sí misma, a quien nada ni nadie podía herir. Y esa era la imagen en la que viví un tiempo. De hecho, es lo que trasmitía a los demás, una persona invulnerable, firme, inquebrantable. En Tarragona me doy cuenta de que no es real, y empiezo a desnudar a ese personaje, a quitarle la ropa. Comprendí que, para encontrarme, para descubrir quién era y cómo era yo en realidad, tenía que tirar y arrastrar por el suelo todas esas creencias, esos postureos con los que me había protegido, y sentarme junto a mi propia vulnerabilidad, abrazar todo tipo de emociones. Era imprescindible que me sintiera absolutamente insegura en un montón de espacios para, desde ahí, empezar de cero.

¿Qué es lo que quiero ahora?, me pregunté cuando llegué a ese punto. Tenía claro que necesitaba conocerme sin prisas para poder construir una Silvia más auténtica, más honesta con lo que era, con lo que me gustaba de mí y con lo que no me gustaba. Desde ahí, desde esa honestidad conmigo misma, la primera persona con la que hablé fue mi madre.

La muerte de mi padre me había generado tanto dolor que lo pagué con ella no queriendo hablar del tema. Ella trataba de acercarse y yo rehuía sus conversaciones. Y, para más inri, lo hacía desde el lugar de una persona segura y fuerte. «Mira, no; yo puedo con esto, ¿sabes? Yo no necesito hablar. Yo esto lo gestiono como puedo». ¡Qué injusta estaba siendo con ella!, qué tremendamente injusta.

Pero al quitarme todos esos personajes cambió la relación con mi madre. Empecé a tener conversaciones con ella, la persona más importante de mi vida. Me quité las caretas y pude mirarla cara a cara y honrar su grandeza, su honestidad, su valentía. Había algo dentro de mí que no me había estado permitiendo mirarla de frente. ¿Por qué?, te dirás. Porque mi madre me desmonta con una mirada y yo no quería que descubriera que todo ese aplomo que demostraba era, en realidad, una careta.

Después del programa de Tarragona, pude salir de mí misma y de ese castillo que me había construido. A partir de ese momento, fui capaz de ver lo que mi madre necesitaba. Pude reconciliarme y honrar a esa mujer que me lo había dado todo, incluso cuando su hija era solo un personaje que no se permitía ni se atrevía a ser ella. ¡Qué bonito ha sido poder mirarla a la cara y decirle «perdón, no he sabido estar a la altura»! No supe, no sabía cómo hacerlo. Sin embargo, eso que ella esperaba que hubiera ocurrido diez, quince años antes, por fin sucedió.

Este es mi mensaje. Cuando construyes los vínculos más importantes de tu vida desde lo que eliges ser, no desde lo que construiste para sobrevivir, eres libre por fin.

Libre por fin.

MIRARME EN EL ESPEJO DEL AMOR

La siguiente relación que reconstruyo es con mis hijos. Cuando me fui para hacer el programa de Mas Llaneta con Roco Pacheco eran muy pequeños, tenían uno y seis años. Al regresar a casa, con la seguridad de saber que ya era otra persona diferente, con la firme voluntad de reconstruirme, ese lazo que me unía a mis hijos cambió por completo también y me hizo elegirlos y situarlos de nuevo en el lugar que merecían. Ellos se convirtieron en unos auténticos maestros que me invitaban a mirarme en el espejo del amor una y otra vez. Y los elegí y los antepuse a cualquier cosa en el mundo. Nunca imaginé que el amor por alguien pudiera ser tan grande e infinito.

Yo siempre he querido ser madre. Probablemente esa sea mi relación más querida y elegida. Es algo que siempre he tenido muy claro. Pero toda mi energía había estado puesta en construir esos personajes de los que te hablaba, así que cuando empecé a quitarme esas capas poco a poco, cuando pude liberar esa energía y dedicarla al amor, ese amor fue todo para mis hijos. Es un amor absolutamente infinito. Y no es que no los quisiera y ahora, de repente, descubriera que sí. No. Ya te he dicho que es la única relación que no me he cuestionado en ningún momento. Es que ahora soy absolutamente consciente de ese amor. Porque cuando tú pones la mayor parte de tu energía en defenderte del mundo, la que te queda es tan poca que no da para situarla en lo que realmente te importa: tu familia, tus amigos, tu pareja, quizá hasta tu trabajo. Una vez que sanas el vínculo contigo mismo, empiezas a darte cuenta de todo lo que tienes para dar, de toda esa energía que estabas poniendo en el lugar no sé si equivocado, pero desde luego sí el menos acertado. Y yo fui consciente por primera vez de que era a ellos, a mis hijos, a quienes más —y en primer lugar— quería dar ese amor. Nunca les había faltado mi atención ni mi amor. La diferencia es que ahora se multiplicaba. Y es y será absolutamente incondicional.

Yo he aprendido que, para poder dar más a las personas que quieres, en ocasiones tienes que alejarte. A veces física y espiritualmente. Tanto la experiencia de Tarragona como la de México supusieron para mí desconectar para reconectar, alejarme para acercarme. Fueron dos decisiones que me hicieron sopesar muchas cosas, no fueron sencillas de tomar. Me generaron inseguridad, no lo dudes. Pero también sabía que tenía que hacerlo. A veces, por difícil que sea tomar una decisión, sabes que ese sacrificio —porque es un sacrificio— va a merecer la pena por todo lo que vas a encontrar y todo lo que vas a aprender, a pesar de la distancia y del dolor. Sé que, al irme, había mucho sufrimiento. Pero cuando volvía, yo era mejor, era mejor persona.

En mi caso fueron dos viajes reales, pero las distancias pueden ser también metafóricas. No tienes que irte a Singapur para entender lo que te quiero decir, basta con pasar fuera de casa ocho horas en una oficina. ¿Es fácil hacerlo cuando tus hijos son pequeños? No, claro que no, pero sabes que es lo que tienes que hacer. Sin embargo, cuando debes tomar una decisión que puede transformar tu vida, has de poner en la balanza otras cosas. ¿Soy feliz quedándome y renunciando a esto que la vida me trae ahora? ¿Soy feliz renunciando a esto otro? ¿Cómo puedo abrazar ambas cosas y no renunciar a nada?

A mí me mereció la pena el sacrificio, tomar esas dos decisiones tan difíciles. Gracias a ellas conseguí que todo volviera al mismo núcleo. Cuando tú eres diferente, lo que generas en los demás también lo es. Al quitarte todos esos pesos de encima, todas esas capas, todas tus inseguridades, tus miedos, tus tristezas, consigues regalar a las personas que quieres un vínculo mucho más sano y mucho más lleno de amor. Habrás oído eso de que, si no tienes tiempo para estar con tus hijos, haz que ese tiempo que les puedas dedicar sea de calidad. Y también habrás oído a mucha gente renegar de ese pensamiento. En mi caso, por mi trabajo, que siempre me ha exigido viajar mucho, esa calidad de tiempo se convierte en imprescindible.

¿Cómo puedo darles a mis hijos, que son las personas que más quiero en mi vida, un tiempo de calidad? Pues teniendo antes una relación de calidad conmigo. No puedo dárselo si llevo encima cien mochilas. Es imposible. Puede que haya alguna supermujer y algún superhombre que crean que sí, pero yo no. Y la ventaja es que me he dado cuenta de eso, de que no se puede. ¿He tardado muchos años en descubrirlo? Sí, pero hay otros que no llegan a darse cuenta de ello nunca y viven siempre con esa creencia, chapó por ellos. Por eso, cuando yo aprendo que esa relación puede ser diferente y que ese amor se puede hacer sentir con una palabra, con una caricia, con una mirada, con un estar al lado, con una pregunta, el resultado es la relación que he construido con mis hijos, que es una relación supersana. Y esto para mí es muy importante.

DERRIBAR LOS PILARES DE LA PAREJA PARA VOLVER A CONSTRUIR UN NOSOTROS

Redefinidas todas estas relaciones, llegaba el turno de revisar la que me unía a mi pareja. Tras el programa de Tarragona, esa relación también cambió porque se construyó desde otro lugar, con otros cimientos. Se generaron otras conversaciones entre él y yo para volver a edificar sobre unos pilares muy distintos a aquellos con los que habíamos cimentado nuestra familia. Y no fue fácil, porque no es sencillo volver a tener esas charlas, volver a cuestionar, a demoler principios que ya no te sirven a ti, aunque quizá sí a la otra persona. No es fácil volver a construir un nosotros desde esa posición.

Lo que he aprendido es que, para construir esta relación, esta historia, y que sea de verdad, primero, una vez más, he tenido que cultivar una relación auténtica conmigo. Ahora siento que los dos tenemos claro sobre que está construida. Hay claridad, hay mucha claridad, mucha transparencia. ¿Acaso antes no la había? No sabría decirte, pero te devuelvo la pregunta. ¿Cómo puede ser posible, si yo no soy honesta y transparente conmigo?

Construir o reconstruir el lugar en el que habitas con tu pareja, padres, hijos, amigos cercanos, tiene mucho coste si quieres que sea honesto. Yo declaré esto como lo más importante de mi vida y lo he mantenido firme. Creo que en estos últimos tiempos mi compañero de vida y yo hemos tenido infinitamente más conversaciones que en los primeros años de relación y, sobre todo, más claridad de dónde está uno, de dónde está otro, de qué es lo que sí, de qué es lo que no… Y a mí esto me sirve. A mí esto me sirve.

OYE, ¿RECOLOCAMOS NUESTRA RELACIÓN?

Tocaba el turno, ahora, de redefinir las relaciones de amistad. Albert Camus dijo una vez: «Un verdadero amigo es aquel que llega cuando todos se han ido». Ese es el resumen de lo que a mí me ha pasado tras este proceso tan transformador.

Lo hemos hablado ya, la ciencia dice que los amigos aportan el 50 % del peso en nuestra felicidad y en nuestro

199

bienestar. Pero solo si son relaciones reales, de verdad. Esto no va de números, de cuántos amigos reales y virtuales (hablo de redes sociales) creas tener. Yo mido la verdad de mis relaciones por las conversaciones auténticas que puedo tener con esas personas. Un amigo, una amiga, es aquella persona a la que no es necesario explicarle mucho, simplemente tienes conversaciones con ella de cosas que importan. Que te importan a ti y que le importan al otro. Un amigo del alma es el que te dice: «Mira, chica, no lo estás haciendo bien», o lo contrario. Y gracias al programa de Cuerpo y movimiento, me di cuenta de que tenía algunas relaciones elegidas, sí, pero que no eran tan auténticas. Las reales, las únicas que para mí son de verdad, lo son porque se cumplen las dos condiciones: son las elegidas y son altamente valiosas.

Todos tenemos relaciones que damos por hechas. Son esas que están construidas desde la creencia de que tienen que permanecer ahí toda la vida porque las hemos creado cuando éramos niños, por ejemplo. Lo que descubrí fue que no tenían sentido para mí, o no, al menos, como estaban en ese momento. Son fáciles de identificar. Piensa en qué personas llamarías si tuvieras que pedir ayuda, si tuvieras un problema muy grande y a quiénes no. Te invito a reflexionar. ¿Estás manteniendo relaciones simplemente porque formaron parte de tu vida en un momento dado? ¿De cuántas te has dado cuenta de que no sirven para nada o incluso te pesan? Son esas que sientes como una obligación. «Uf, tengo que llamar a Fulanito y a Menganita por Navidad o por su cumpleaños, qué pereza…». ¿No sería mejor mirar de frente, tener una conversación con ellos y decir algo así como «oye, ¿nos recolocamos?»? ¿Por qué vamos a crearnos una obligación si podemos construir otra relación que a los dos nos haga felices?

No detenernos a revisar nuestras relaciones de verdad nos hace, muchas veces, cargar con amistades que nos pesan y nos quitan energía. Y además nos quitan tiempo para dedicárselo a esas personas que hemos escogido y nos han escogido, a su vez, a nosotros, construyendo una relación en la que nos enriquecemos los dos pasando tiempo juntos.

Pero no quiero confundirte. Esto no va de ir matando relaciones, sino de irlas revisando. Por comodidad, por falta de tiempo, por pereza, por… no sé muy bien por qué, quizá por ser amables y políticamente correctos, por tratar de quedar bien, al final vamos acumulando amistades vacías que no nos aportan nada y nos quitan tiempo para dedicárselo a las auténticas. Tener claros cuáles son los vínculos que quiero construir y con quién me ayuda a fortalecerlos, o simplemente a cerrar aquellos con los que ya no tengo nada que ver. En mi caso, hacerlo así ha sido un acierto: cada vez que he cerrado un vínculo que me estaba restando y que me estaba pesando, ha aparecido alguien en mi vida con quien he construido una relación diferente. Un ser de luz.

He entendido que, cuando uno cambia y se da cuenta de quién es y lo que quiere y de lo que está en primer lugar, es muy difícil seguir manteniendo algunas relaciones de por vida. He tenido conversaciones duras y difíciles con las personas a las que más quiero para poder reconquistar nuestra relación, o reajustar los principios o decidir terminarla de común acuerdo también. Decir adiós a algunas personas es una invitación a que puedan entrar otras. Personas que hoy sé que se quedan para siempre. Ahora elijo focalizarme mucho; regar sería la palabra. Regar, regar, regar, regar… mis relaciones con mayúsculas.

Y también he aprendido a no mantener una amistad a cualquier precio. Esto también para mí ha sido un aprendizaje grande. A veces, no tener límites hace pagar un precio muy alto en las relaciones. Ahora ya no. Ahora tengo claro eso. Hay personas a las que no veo y, sin embargo, sé que están. No sé explicarlo. Las siento. Las conversaciones son de otra manera. Los mensajes que te llegan son diferentes. Personas con las que se me ilumina la mirada simplemente por saber que las voy a ver. Y quiero eso en mi vida. No quiero seguir alimentando amistades que no van a ningún sitio.

A mí algunas me han pesado y mucho. ¿Y tú?, ¿te has parado a pensar en cómo son las tuyas? Quizá creas que no te lastran, y que, como no te molestan, pues ahí se quedan. Pero si siguen en tu vida y no las has eliminado, la pregunta que te hago es por qué. ¿Porque no te pesan lo suficiente? ¿O porque no has tenido la valentía para decir, «oye, no me aportas»?

En mi opinión, ese es el valor. Para mí era muy importante ponerme en primer lugar y, con absoluta franqueza y mirando a los ojos, decir a esas relaciones que ya no me aportaban nada, que me lastraban, que incluso me hacían daño, gracias, pero nunca más. Solo así me quedaba en paz. Y puede parecer egoísta, pero el otro que haga con eso lo que quiera o lo que pueda.

Hoy tengo una cosa clara: cada persona que aparece en mi vida es un maestro que viene a enseñarme algo que necesito aprender. Las relaciones sanas, cálidas y confiables son la savia que alimenta el árbol del bienestar. Al abrazar la importancia vital de estas conexiones, nos embarcamos en un viaje continuo hacia una vida más rica, significativa y plena. A través de la aceptación, el apoyo mutuo y la apertura, construimos puentes hacia un bienestar que se nutre en la red de relaciones y vínculos.

Sin aceptación no hay sanación

Allí, en Tarragona, hice una declaración de amor hacia mí misma y dije *sí, quiero* hasta el final. Y con ello ocurrió algo también fundamental para mi bienestar: acepté las consecuencias, fueran las que fueran. Quédate con esa palabra, *aceptación*, porque es fundamental para lograr ese bienestar.

En la danza de la aceptación, encontramos la libertad de soltar el control que, a menudo, intentamos ejercer sobre nuestras vidas, un control que, en realidad, es una ilusión. Nos damos cuenta de que no podemos dirigir el viento, pero sí ajustar nuestras velas. Al rendirnos a la realidad, nos convertimos en maestros de la adaptabilidad, y encontramos fuerza en la flexibilidad.

La aceptación también es un bálsamo para nuestras relaciones. Al aceptar a los demás con sus virtudes y defectos, construimos puentes de comprensión y empatía. Nos liberamos del juicio y abrazamos la diversidad humana, tejiendo una red de conexiones más rica y significativa.

En conclusión, la danza de la aceptación no es solo un paso en la coreografía del bienestar, sino el ritmo mismo que da vida a nuestra existencia. Aceptar no es eludir la realidad, sino abrazarla con todo su esplendor y caos. En este acto de amor hacia nosotros mismos y hacia la vida, descubrimos que la aceptación es la melodía que acompaña nuestra búsqueda constante de bienestar.

Es el momento de decir «gracias»

¿Has sentido el enorme poder sanador que tiene en nosotros la gratitud? Sin el agradecimiento, igual que sin la aceptación, no hay bienestar, no pueden existir el uno sin el otro. El acto de expresar gratitud tiene efectos notables en el cerebro humano ya que activa varias regiones que contribuyen a una sensación general de bienestar. ¿Quieres saber cuáles son esas zonas?

Una es la corteza prefrontal medial (CPM), que está asociada con la toma de decisiones, la regulación emocional y la empatía. Cuando expresamos gratitud, la CPM se activa, y lo que sugiere este hecho es que el agradecimiento está vinculado a procesos cognitivos y emocionales complejos.

También se activa la corteza cingulada anterior (CCA), relacionada con la regulación emocional y la atención. Al activarse cuando estamos agradecidos, señala la conexión entre la gratitud y la atención consciente a las experiencias positivas.

Decir gracias activa el núcleo accumbens, conocido como el centro de recompensa del cerebro. Son las experiencias placenteras las que lo activan, incluida la de agradecer. Esto sugiere que el cerebro asocia el agradecimiento con sentimientos de recompensa y bienestar.

El hipotálamo también reacciona ante un «gracias». Esta región desempeña un papel crucial en la regulación del estrés y la liberación de hormonas relacionadas con las emociones. La gratitud puede tener efectos positivos en el hipotálamo, contribuyendo a la gestión del estrés.

El sistema de recompensa dopaminérgica es la penúltima zona del cerebro que se activa con el agradecimiento. La liberación de dopamina, un neurotransmisor asociado con el placer y la recompensa, se incrementa cuando experimentamos gratitud. Este sistema dopaminérgico refuerza la conexión entre el agradecimiento y las sensaciones de felicidad.

Y, por último, la amígdala. Esta estructura está involucrada en la respuesta emocional, especialmente en la percepción y procesamiento de las emociones. La gratitud puede modular su actividad, influyendo en cómo interpretamos y respondemos a las situaciones emocionales.

Por tanto, estos hallazgos sugieren que la gratitud no solo es una experiencia emocional, sino que también tiene efectos medibles en la actividad cerebral. La práctica regular de dar gracias puede remodelar la forma en que nuestro cerebro procesa las experiencias positivas, y contribuye, de esta manera, a una mayor satisfacción y bienestar general.

Así pues, voy a activar todas y cada una de esas zonas de mi cerebro porque me ha llegado el momento de dar las gracias. En primer lugar, a mí misma, por haberme permitido conectar y compartir momentos dolorosos y difíciles, pero también alegres, bonitos. Y, sobre todo, por poner en común esos caminos que me han llevado hasta aquí. Gracias a todo lo que he vivido, a todas las experiencias que he compartido contigo, querido lector, me he dado cuenta de que he sido valiente, así que, perdona la inmodestia, y déjame que me regale también una felicitación. Con ese exponer mis miedos y mis inseguridades, solo he pretendido dejarte un poderoso mensaje: no tapes las cosas que no están bien en ti. Reconocerlas te hace más humano.

Gracias a todas y cada una de las personas que hacen que mi vida sea maravillosa, especialmente a mis hijos, Rodrigo y Daniela, a quienes amo con todo mi corazón.

Por supuesto, un *gracias* gigantesco y sonoro para ti, lector, que me has acompañado en este camino, que me has permitido cogerte de la mano para hacerlo juntos. Gracias por regalarme tu tiempo y leer lo que aquí te cuento. Este libro no tendría sentido sin ti.

Gracias a Pilar Salazar, Carolina Bergoglio y Elizabeth Arrojo, mis tres personas de luz que, sin dudarlo un solo momento, aceptaron participar en este libro y compartir con nosotros sus conocimientos, sus experiencias. Ellas demuestran que la medicina no es solo una cuestión de síntomas y tratamientos, también puede —y debe— haber mucha humanidad.

Gracias al prologuista de esta obra, el doctor Lorenzo Rabadán, mi gran amigo, mi hermano. Y gracias también a Mariángeles García González, aquella amiga de juventud a quien perdí la pista durante muchos años y que la vida ha vuelto a poner en mi camino. Suyo es el epílogo de este libro

Epílogo

Cuentan que cuando Fray Luis de León regresó a su cátedra en la universidad tras largos años de cárcel, lo primero que dijo a sus alumnos fue: «Como decíamos ayer...». No encuentro mejor manera y más gráfica de explicar cómo fue mi reencuentro con Silvia tras muchos años sin haber sabido una de la otra. Parecía que no hubiera pasado el tiempo, así de fluida fue la conversación. Nos pusimos al día, nos contamos cómo nos había tratado la vida y recordamos por qué, a pesar de ser dos personas tan absolutamente diferentes, habíamos sido amigas. «Quiero escribir un libro que hable del bienestar», me dijo en uno de nuestros recuperados encuentros hace unos meses. «Del bienestar egoísta».

Confieso que mi primera reacción fue de escepticismo. *Bienestar* me resulta un concepto tan manido, tan traído y llevado por la publicidad, por los gurús de la autoayuda —y, por eso mismo, tan hueco— que me parecía extraño que mi amiga, esa que siempre me había regalado verdades, quisiera meterse en semejante jardín. Pero la veía tan decidida que preferí dejar que se explicara.

Y me habló del oxímoron de la enfermedad como generadora del bienestar. Y de cómo tuvo que llegar hasta lo más profundo de su alma para abrazar la tristeza y aceptarla. Del dolor por la pérdida de su padre y de lo difícil que fue salir de ahí. Y de su viaje a México, de Tayau, de la selva y el calor. Me contó el miedo que pasó en aquel río salvaje y de las agotadoras caminatas por la selva. De lo vulnerable que se sintió en aquel quirófano, del temor a perderlo todo cuando decidió aceptarse y ponerse en el centro.

Yo la escuchaba. La veía abrirse en canal sin perder esa luminosa sonrisa que le ha acompañado siempre, regalándome un aprendizaje que no sospechaba que iba a encontrar cuando me anunció su propósito de escribir este pequeño manual de vida que tienes ahora entre las manos. ¿Será capaz de contar todo esto en un libro? ¿Tendrá el valor de exponerse como lo está haciendo conmigo ante unas miradas que nada saben de ella, que no la han visto con los mismos ojos con los que la vemos quienes la queremos?

Así que entiendo que te sientas removido, si has llegado hasta aquí, porque todo eso que te planteas ahora, esa misma sacudida en el alma ya la he sentido yo antes que tú. Comparto contigo el estupor de verte reflejado en un espejo que no sabías que habían puesto frente a ti y en el que nunca te atreviste a mirarte. Sé la de cosas que están dando vueltas ahora mismo en tu cabeza tras haber leído todo lo que Silvia ha compartido en estas páginas. Entiendo tus dudas, siento con la misma intensidad que tú ahora el peso de todas las mochilas que llevamos a la espalda sin ser conscientes de ello. Lo sé, yo también me siento así. Yo también me debato ahora entre la necesidad de reflexionar sobre mis lastres, mis máscaras y mis armaduras, y enfrentarme a la decisión de qué opción escoger: reconectar con mi vida, redescubrirle un sentido, un propósito o seguir como estaba porque, total, no me ha ido tan mal…

No sé aún qué camino escogeré, aún tengo mucho que reflexionar. Pero ya he visto la luz. Ya sé que hay luz. Acepto, como ella nos ha enseñado, que no todo está bien y que depende de mí cambiarlo. Yo también comparto con Silvia la visión de la vida como un camino, así que todo se andará. Aprender a caminar es aprender a vivir, le descubrió su maestro en México, qué grandísima metáfora. ¡Y qué demonios! A mí siempre me ha gustado hacer senderismo.

Mariángeles García González

LAS AUTORAS

SILVIA ESCRIBANO

Silvia Escribano es una figura influyente y altamente reconocida en el ámbito del *coaching*, la felicidad organizacional y el bienestar corporativo a nivel internacional. Es licenciada en Derecho por la UCM y tiene un máster en Asesoría Jurídica de Empresas por el Instituto de Empresa. Como Chief Happiness Officer y CEO & Co-founder de Human Blooming, se ha destacado por su capacidad para impulsar el bienestar integral y la resiliencia en las personas y las organizaciones. Cuenta con una amplia experiencia como *speaker* y *coach* ejecutiva, ha compartido su conocimiento en importantes eventos corporativos y conferencias TEDx en varios países. Ha sido elegida entre el Top 100 Conferenciantes de España por la compañía Thinking Heads y Top 1 #HRINFLUENCERS de España 2021. Su compromiso con el desarrollo humano se refleja en su labor como profesora universitaria y en empresas, donde enseña habilidades de liderazgo, inteligencia emocional y mindfulness. Además, es autora del libro *Neurocoaching. Entre la ciencia y la vida* (Alienta, 2015), en el que explora la intersección entre el coaching y la neurociencia desde una perspectiva humanista.

Instagram: @silviaescribano.neurocoach

ELISABETH ARROJO

La Dra. Elisabeth Arrojo está especializada en oncología y su trayectoria está marcada por una extraordinaria dedicación a la lucha contra el cáncer. Es licenciada en Medicina por la Universidad de Navarra y doctora cum laude por la Universidad de Oviedo. Fundadora y directora médica del Instituto Médico de Oncología Avanzada (INMOA) desde 2019, así como del Centro Nacional de Prevención del Cáncer (CNPC), el primero de su tipo en toda Europa, establecido en 2023. Reconocida como «persona extraordinaria en las ciencias» por los Estados Unidos. Además, sus labores como catedrática en la Universidad Católica de Murcia (UCAM), presidenta de la Sociedad Internacional de Hipertermia Clínica y tutora de la Sociedad Europea de Oncología Radioterápica (ESTRO) la consagran como una autoridad en su campo. Su contribución al avance médico es notable, siendo pionera en técnicas de tratamiento para el cáncer de mama y radiocirugía. Ha obtenido múltiples reconocimientos nacionales como el Premio Emprendedora del Año en 2019, el Premio Oncóloga del Año 2020 y 2021 y el Premio Europeo de Medicina en Oncología. Su legado se extiende a la literatura médica, pues es autora de varios libros, capítulos de libros y numerosas publicaciones científicas y ponencias en congresos internacionales.

CAROLINA BERGOGLIO

La doctora Carolina Bergoglio es una médica psiquiatra reconocida internacionalmente por su liderazgo en el campo de la
salud mental y el tratamiento de las adicciones. Como directora
de «Gaia Nova», un programa médico ambulatorio especializado en este ámbito, ha demostrado un compromiso excep-
cional con la investigación y la atención de personas afectadas
por estas condiciones. Además, como jefa del Servicio de Salud
Mental en el Sanatorio Diquecito y directora del Instituto del
Bienestar Argentina, ha desempeñado roles fundamentales en la
promoción del bienestar integral tanto a nivel individual como
organizacional. Su experiencia la ha llevado a ser una destacada
oradora en charlas TEDx y como disertante nacional e internacional, abordando temas como adicciones, felicidad y bienestar,
enriqueciendo así el conocimiento y la conciencia en estas áreas
cruciales para la sociedad.

PILAR SALAZAR

Pilar Salazar es una destacada médica con una formación diversificada y amplia experiencia en diversos campos de la medicina. Graduada como cirujana de la Universidad de Antioquia, ha dedicado su carrera a la búsqueda de un enfoque integral en la salud. Especializada en neuropsicología, psicología clínica, medicina China y Sintergética, ha adquirido un profundo conocimiento en el tratamiento de trastornos tanto físicos como mentales. Su compromiso con la enseñanza se refleja en su labor como docente de Sintergética y como Trainer en PNL, donde comparte sus conocimientos y habilidades con otros profesionales de la salud. Actualmente, ejerce como Subdirectora Médica de la Clínica de Medicina Integrativa, donde desempeña un papel crucial en la promoción de enfoques holísticos para el bienestar de sus pacientes.

pilar@medicinaconcienciayamor.com
Instagram y Facebook: @dra.Pilar Salazar

Este libro se terminó de imprimir en el mes de abril de 2024
en Industria Gráfica Anzos S.L.U. (Madrid).